MAGASIN THÉATRAL.

CHOIX DE PIÈCES NOUVELLES,

JOUÉES SUR TOUS LES THÉATRES DE PARIS.

THEATRE DES DÉLASSEMENS COMIQUES.

LE SÉDUCTEUR ET LE MARI,

Drame en trois actes.

PARIS.

MARCHANT, ÉDITEUR,
Boulevart Saint-Martin, 12.

BRUXELLES.

TARRIDE, LIBRAIRE, PASSAGE DE LA COMÉDIE.

L'Homme du siècle, dr. h. 1 a. 50
La Traite domiciliaire, dr. 1 a. 30
Le Royaume des femmes, f. 1 a. 30
Le Sauveur, com. 3 a. 50
Les Fauconniers anglais, m. 3 a. 30
Le Magasin pittoresque, v. 30
Le Seul et le Bayard, vaud. 3 a. 30
Le Château d'Urtaby, a.-c. 1 a. 50
L'Amitié d'une jeune fille, m. 60
...serai Caxotre, c. 1 a. 30
Le Fils de Nixon, dr. 3 a. 60
Le Prix de vertu, c.-v. 3 tabl. 30
Le Curé Mérino, dr. 3 a. 50
Le Mari d'une Muse, c.-v. 1 a. 30
Fleur et Zéphire, f.-v. 1 a. 30
Le Domino rose, vaud. 3 a. 30
La Chambre de ma femme, c. 30
Les 4 Ages du Palais-Royal 40
Juliette, dr. 1 a. 40
Une Dame de l'empire, c.-v. 1 a. 50
Le Paysan demoiselle, v. 1 a. 60
Un Soufflet, com.-vaud. 1 a. 30
Les Liaisons dangereuses, dr. 40
Le Doigt de Dieu, dr. 1 a. 30
La Fille du Cacher, vaud. 1 a. 40
Théophile, c.-v. 1 a. 30
L'Oraison de St-Julien, c.-v. 30
La Vénitienne, dr. 3 a. 50
L'honneur dans le crime, dr. 50
Un bal de domestiques, v. 30
Les Charmettes, com. 30
Pêcheron l'erapailleur, v. 30
L'Aiguillette bleue, v.-hist. 30
Les Mal-Contents de 1570, dr. 30
Une Chasron, dr.-v. 30
Le Dernier de la famille, c.-v. 30
L'Apprenti, vaud. 1 a. 30
Le Tricot bleu, c.-v. 40
Salvoisy, com. 3 a. 40
Une aventure sous Charles IX. 40
Lestocq, op.-c. 4 a. 30
Tarish-la-Prude, v. 1 a. 30
Artiste et Artisan, c.-v. 30
L'Aspirant de Marine, op.-c. 30
Un Ménage d'ouvriers, c.-v. 30
L'Intrepride, c.-v. 1 a. 30
Un Enfant, dr. 1 a. 40
Le Capitaine Roland, c.-v. 30
La Tour de Babel, rev. ép. 30
La Nappe et le Torchon, c.-v. 40
Les Duels, com.-v. 3 a. 30
Vingt ans plus tard, v. 30
L'Angélus, op.-com. 1 a. 30
Un Secret de famille, dr. 40
Les Deux Sœurs de la Fronde. 40
La Robe déchirée, c.-v. 30
Le Commis et la Grisette, v. 30
Lionel ou mon avenir. 40
Heureuse comme une princesse 40
La Cinquantaine, com.-v. 30
Prêtez-moi à France, mél. 40
Un Caprice de femme, op.-c. 30
L'Impératrice et la Juive, dr. 40
Le Capitaine de vaisseau, v. 40
Les Sept péchés capitaux, v. 30
Le Juif errant, dr. fant. 40
2 femmes contre 1 homme. 30
Le Septuagénaire, dr. 1 a. 40
Griboville, entre ragence. 40
La Frontière de Savoie, v. 30
Les Deux Bergers, fol.-v. 30
La Toque bleue, v. 1 a. 30
Charles III ou l'Inquisition. 40
Deux de moins, c.-v. 30
Jacquemin, roi de France, c.-v. 40
Les Immortalités, com. 1 a. 30
La Lectrice, vaud. 2 a. 40
Le Comte de St-Germain. 40
L'Ecole des ivrognes. 30
Les Bons Maris, com.-v. 40
La Famille Mercenval, dr. 5 a. 40
Maria, dr. 5 a. 30
La Tempête, fol.-v. 1 a. 30
Mon ami Grandet, vaud. 40
Le Juif errant, v. 3 a. 40
Le Filateur, v. 3 a. 40
Le Marchand forain, op. 40
L'Idiote, com.-v. 40
Les Tours Notre-Dame, v. 30
Le Mari de la Favorite, c. 30

Lord Byron à Venise, com. 30
La vie de Napoléon, sc. épis. 30
La Vieille Fille, com.-v. 30
Lazala, mél. hist. 3 a. 40
Georgette, vaud. 30
La Foi l'Evêque, vaud. 40
Le Ramoneur, vaud. 40
La Sentinelle perdue. 30
Au rideau ! vaud. 30
Un de plus, com.-v. 3 a. 40
L'Ambitieux, com. 5 a. 30
Le Proscrit du mar. Ney, 1 a. 30
Les Pardon, m. 1 a. 30
Guido, com.-v. 1 a. 30
Antony, d. 1 a. par A. Dumas. 30
Mari de la Veuve, A. Dumas. 30
Mac-Gill, méd. 1 a. 40
Juliette de Narbonne, v. 3 a. 40
Les Enfants d'Edouard, trag. 40
Don d'Espagne, com. 3 a. 40
Catherine Howard, dr. 50
Le Prince Doux, v. 1 a. 40
Etre aimé ou mourir, c.-v. 5
Une Mère, dr. 3 a. 40
Charles VII, par Al. Dumas. 30
Madame Marguerite. 30
Etienne et Robert, v. 30
Gaston de Priere, 3 a. 40
La Camargue, com.-v. 1 a. 30
Marino Faliero, tr. 5 a. par
     C. Delavigne. 30
Napoléon, par Alex. Dumas. 30
Charlotte, dr. 3 a. 40
Les Enragés, tab. villageois. 30
Angèle, d. 5 a. par Al. Dumas. 30
L'Homme du monde, dr. 3 a. 50
Les Roués, v. 3 a. 40
Thérèsa, d. 5 a. par A. Dumas. 30
Le Conseil de révision, v. 1 a. 40
La Chambre Ardente, d. 3 a. 40
Cotillon III, c.-v. 1 a. 30
Le Mine, dr. 1 a. 30
Reine, Cardinal et Page, v. 30
Jours gras sous Charles I. 40
Père et Parrain, v. 3 a. 30
Jeanne Vaubernier, c. 5 a. 40
Les Deux divorces, c.-v. 1 a. 30
Indiana, dr. 5 parties. 30
Frontillan, vaud. 3 a. 30
La Femme qu'on n'aime plus. 40
1814 et 1815, rev. épis. 40
Le Tapissier, com. 3 a. 40
La Fille de l'Avare, v. 3 a. 40
L'Autorité dans l'embarras. 40
Dolly, dr. 3 a. 40
Les Chouffleuri, méd. 1 a. 40
Les Deux Nourrices, v. 1 a. 40
Les Pages du Mazarin. 40
Au Clair de la lune, v. 3 a. 40
Rochaud, com.-hist. 1 a. 40
La Dame anglaise, dr. 1 a. 40
Marcellenn et Gilt Seigneur. 40
La Marquise, op.-com. 1 a. 30
Fich-Tong-Kang, v. 1 a. 40
Les Gants jaunes, v. 1 a. 40
Men and Pot'yn, v. 1 a. 40
Le Cheval de bronze, a.-c. 3 a. 40
Les Briquets à la Cour, @ 1 a. 40
Le Père Goriot, v. 3 a. 40
Fleurette, dr. 3 a. 40
Anacharsis, v. 1 a. 40
La Traite des Noirs, dr. 40
Manette, com.-v. 1 a. 30
Karl, dr. 1 a. 40
La Croix d'or, c.-v. 3 a. 40
Un Père, mél. 3 a. 40
Le Vendu, tabl. pop. 1 a. 40
Jeanne de Flandre, méd. 40
L'If de Croissy, c.-v. 40
Une Chaumière et son Cœur. 40
Corneille, parodie d'Angèle. 40
Un Camarade de Pension, 3 a. 40
Cromwell, dr. 1 a. 40
Marie-Pontin, v. 3 a. 40
Mathilde, com. 3 a. 40
Ombre du Mari, v. 3 a. 40
Amours de Pombin, bal. 3 a. 40
Porte-Faix, op.-c. 3 a.
On ne passe pas, v. 1 a. 40
Ma Femme et mon Parapluie. 30

Micheline, op.-c. 1 a. 40
Les Violou de l'Opéra, 1 a. 30
La Prova d'un opéra seria, 1 a. 30
Vida, op.-c. 1 a. 30
Jacques II, dr. 1 a. 40
Une Bonne de soir, v. 30
Fille mal élevée, c.-v. 3 a. 40
La Berline de l'Emigré, d. 5 a. 30
Un de ses Frères, v. 30
Les deux Rrières, op.-c. 30
La Mère et la Fiancée. 30
Le Curé de Champaubert, v. 40
... il n'en fait pas le maison, 40
Marguerite de Gueldre, d. 3 a. 40
Les Mineurs, méd. 3 a. 40
L'Agnès de Belleville, 3 a. 40
Pas de jeudi, v. 3 a. 40
Les Créoles, en 3 actes. 30
Contre Jacques, c.-v. 1 a. 30
Un Roi en vacances, v. 1 a. 30
Mathieu Fripou, v. 3 a. 40
L'Aumônier du régiment, 1 a. 40
L'Octogénaire, c.-v. 1 a. 30
Mirabeau, c.-v. 1 a. 40
Comme, opéra-bouffon, 3 a. 40
Testament de Piron, v. 1 a. 40
La Péricole, v. 1 a. 40
Un Mariage sous l'empire v. 3a 40
La Pensionnaire mariée, c.-v. 40
Le Jugement de Salomon, 40
Le Mariage raisonnable, 1 a. 30
La Tirelire, com.-v. 1 a. 30
Les Bédouins en voyage. 30
La Femme qui se venge, v. 40
La Tache de sang, dr. 3 a. 30
Tonietta, dr. 3 a. 40
La Savonnette impériale, v. 40
Amlet, vaud. 2 a. 40
En attendant, c.-v. 3 a. 40
La Femme du peuple, tabl. 40
Zampanoro, fantin en 6. 40
La Fille de Cromwell, v. 40
Jean-Jean, parod. en 5 pièc. 40
La Sonnette de nuit, c.-v. 1 a. 30
Une bs anglaise, c.-v. 3 a. 40
Le Mémoire d'un père, 1 a. 40
La Flûte de Cagliostro, v. 40
Paris dans la Comète, revue. 40
Insurrection de Lisbonne, v. 3 a. 40
Angélie, drame en 3 a. 40
Valentine, c.-vaud. 3 a. 40
Copiticoli, vaud. 3 a. 40
Pévo de loterie, vaud. 1 a. 40
Pen[illegible]vant de Montereau. 40
Elle n'est plus, vaud. 1 a. 40
Actéon, par M. Scribe. 40
La Folie, dr. 3 a. 40
Le Gamin de Paris, c.-v. 3 a. 40
Le Trembleur, dr. 3 a. 40
Sous la Ligue, vaud. 1 a. 40
Madeline, com.-v. 3 a. 40
M. et Madame Galochard. 40
Les Chansons de Désaugiers. 40
La Fille de la Favorite, 3 a. 40
Ari de ne pas payer son terme. 40
Colicho, com.-vaud. 1 a. 30
Clémentine, com.-vaud. 1 a. 30
Gil-Blas, vaud. 3 a. 40
Jérusalem délivrée. 40
Le Prévôt de Paris, méd. 3 a. 40
Romadin de Caen, c.-v. 3 a. 40
Chut ! 2 actes, par Scribe. 40
Héloïse et Abeilard, dr. 3 a. 40
La Lable, dr. 3 a. 40
L'Enfant du Faubourg, v. 3 a. 40
L'Ingénieur, dr. 3 a. 40
Changer en nourrice, v. 3 a. 40
Les Chaperons blancs, op.-c. 40
La Mar[illegible] de Protestaille, v. 1 a. 40
Isorah, op.-c. 3 a. 40
Sur le Pavé, v. 1 a. 40
On Juan de Maraña, m. fst. 40
Une St-Barthélemy, v. 1 a. 40
Un Lion des notables, v. 3 a. 40
La Reine d'un jour, v. 3 a. 40
Le Démon de la Nuit, v. 3 a. 40
Un Procès criminel, d. 3 a. 40
Le Portrait du Diable, v. 3 a. 40
Marians, com.-v. 3 a. 40
Le comte de Horn, dr. 3 a. 40

Un Bal de grand monde, v. 1 a. 30
L'Oiseau bleu, v. 3 a. 40
Le Barbier du roi d'Aragon, 3. 40
Bohémien, v. 3 a. 40
Lusarampe, dr. 1 a. et 6 tab. 40
L. D. de la Vaubalière, d. 3 a. 40
Le Luthier de Vienne, op.-c. 40
Les Misères d'un Timbalier. 40
Le G. des informations, v. 1 a. 30
Casanova, v. 3 a. 40
Courgier, com.-v. 1 a. 40
Mistress Siddons, c.-v. 3 a. 40
Tout ou Rien, dr. 3 a. 40
Lortury, v. 1 a. 40
Madame Pot ahof, v. 1 a. 40
L'Arbigad, v. 3 a. 40
Octavipre, méd. 3 a. 40
Kean, dr. 3 a. par A. Dumas. 40
Le Dévouét, op.-c. 3 a. 30
Arrivée à propos, v. 1 a. 40
Le Frère de Pione, v. 1 a. 40
Le Roi malgré lui, v. 3 a. 40
Le Puits de Champgourt, d. 3 a. 40
Le Diable amoureux, v. 1 a. 40
La Presse, v. 1 a. 40
Natacha assassse, dr. 4 a. 40
Sir Hugues, par Scribe, dr. 40
Marie, par Mme Ancelot. 40
Pierre le Rouge, c.-v. 3 a. 40
L'Herodpoche, c.-v. 1 a. 40
Theodore, vaud. 1 a. 40
L'Epée de mon Père, v. 1 a. 40
La Femme de l'Epée, v. 1 a. 35
Dolorès, mélodrame 3 a. 40
Un Cœur de nègre, c.-v. 3 a. 40
Jaffry, dr. 5 a. 40
Les Postures de Cadix, 1 a. 40
Les deux Compables, c. 1 a. 40
Mlle en Caroulise, v. 1 a. 40
... Port d'argent, c.-v. 3 a. 40
El cidana, méd. 3 a. 40
Léon, drame en cinq actes. 40
Fils d'un agent de change, 1 a. 40
Le comte de Charolais, 3 a. 40
Le Mari de la Dame de chœur. 40
Valérie mariée, dr. 3 a. 40
Requaisare, vaud. 1 a. 40
Madame Favart, op. 3 a. 40
L'Ambassadrice, op.-v. 3 a. 40
L'Avade sur la Sellette, v. 1 a. 40
Le Secret de mon Oncle, v. 1 a. 40
La Nouvelle Héloïse, dr. 3 a. 40
Gaspardo, par M. Bouchardy. 40
Le Postillon de Lonjumeau. 40
Le Chevalier d'Or, v. 3 a. 40
Austerlitz, fête. hist. 3 a. 40
Le Mort de St-Malo, v. 1 a. 40
Stradella, com. 1 a. 40
La Laitière et les 2 Chasseurs. 40
Riche et Pauvre, dr. 1 a. 40
La Champavoisé, c.-vaud. 3 a. 40
Huit ans de plus, méd. 3 a. 40
Père et Fils, vaud. 1 a. 40
Les Sept Infants de Lara, d. 5 a. 40
Michel, com.-vaud. 1 a. 40
Parvédite, dr. 3 a. 40
Le Portefeuille ou 3 Familles. 40
Al piquel, com.-vaud. 3 a. 40
Un Grand Orateur, c.-v. 1 a. 40
Trop Heureux, c.-v. 1 a. 40
La Fauteuse d'un grand Roi. 40
L'Etudiant et la Grande Dame. 40
Le Couteau du Tonnerre, v. 3a. 40
Le Payran des Alpes, dr. 5 a. 40
Filly, com.-vaud. 1 a. 40
Le Bouquet de bal, c. 1 a. 40
La Vendéenne, c.-v. 3 a. 40
L'honneur de ma mère, d. 3 p. 40
Eulalie Grangre, dr. 5 a. 30
Julie, com. 3 a. 40
L'Ange perdue, dr. 3 a. 40
Miel et Vinaigre, c.-v. 3 a. 40
Paul et Pauline, c.-v. 3 a. 40
Femme et Maîtresse, c.-v. 3 a. 40
Jacques de Naples, dr. 5 a. 40
Le Cœur de Fil. 40
Un Chef-d'Œuvre inconnu. 40
Vouloir c'est pouvoir, c. 3 a. 40
Mina, com.-vaud. 3 a. 40

LE SÉDUCTEUR ET LE MARI,

DRAME EN TROIS ACTES,

Par M. Ch. Lefont,

REPRÉSENTÉ, POUR LA PREMIÈRE FOIS, À PARIS, LE 5 NOVEMBRE 1842.

PERSONNAGES.	ACTEURS.	PERSONNAGES.	ACTEURS
La Marquise douairière DE LIVRY.	Mme Raucourt	M. DE FONTENAY.	M. Adam
Le Marquis FERDINAND DE LIVRY, son fils	M. Ch. Lesueur	M. CLODION DUFOUR.	M. Pommier
PAULINE, femme de Ferdinand .	Mlle Laurent.	UN COMMISSAIRE DE POLICE .	M. Tousseul
Mme DE MELCOURT.	Mlle A. Belmont.	UN DOMESTIQUE.	M. Alexandre.

La scène se passe à Toulouse, en 1838.

ACTE PREMIER.

Salon riche ; porte au fond et portes latérales. Ameublement convenable ; chaises et fauteuils, un canapé à droite du public ; une table à thé à gauche, près de la table un secrétaire praticable, sur ce dernier meuble, une pendule.

SCÈNE PREMIÈRE.

PAULINE, entrant vivement. FERDI-
NAND, couché sur une causeuse.

PAULINE. Ferdinand !
FERDINAND. C'est toi, Pauline ?

Bruit de voiture

PAULINE. Oui ; mon Dieu, n'as-tu pas entendu ?

FERDINAND. Quoi ?
PAULINE. Le bruit d'une voiture qui s'ar-
rêtait à la porte.
FERDINAND. Pas encore ; mais est-ce là ce
qui t'effraye ?
PAULINE. C'est que cette voiture... c'est
peut-être celle de ta mère...
FERDINAND se lève. Tu la crains donc ;
mais cependant je t'ai parlé vingt fois de sa
bonté, de son indulgence !

1842

PAULINE. Oui, pour des fautes de jeunesse! Mais notre mariage! un mariage contracté sans son consentement!

FERDINAND. Je n'ai pas, Dieu merci, à lui en apprendre la nouvelle! Il y a longtemps qu'elle en est instruite et qu'elle nous a pardonné!

PAULINE. Dans ses lettres... Mais qui sait quand elle me verra?...

FERDINAND. Encore une fois, je la défie de résister à la séduction... Tu n'as oublié aucune des explications que nous sommes convenus de lui donner?

PAULINE. Aucune.

FERDINAND. As-tu fait prévenir le maître de pension qu'il eût à nous envoyer ton fils?

PAULINE. Attendons jusqu'à demain, Ferdinand; le présent à ta mère, c'est la plus cruelle épreuve que j'aie à subir: et rien que d'y songer, je sens la rougeur qui me monte au front.

FERDINAND. Attendons à demain, soit. Mais au nom du ciel, du courage! que rien ne fasse soupçonner à ma mère... La marquise de Livry, innocente aux yeux de son mari, ne doit rougir devant personne.

PAULINE. Que tu es noble et que tu es bon!

FERDINAND. Et... madame de Melcourt viendra-t-elle aujourd'hui?

PAULINE. Je le crois...

FERDINAND. Toujours cette femme!

PAULINE. Mon ami...

FERDINAND. Tiens, voilà ma seule crainte. Ma mère est un peu aristocrate, tu le sais; elle est née à une époque où c'était encore quelque chose que d'avoir un grand nom; mais enfin, cette pauvre noblesse de France, qu'on a dépouillée de tant de priviléges, a conservé celui des hautes manières, et dans la société où ma mère a toujours vécu, un mot hasardé, un geste équivoque suffisent pour donner des préventions défavorables.

PAULINE. Tu m'épouvantes...

FERDINAND. Je ne parle pas assurément pour toi; c'est madame de Melcourt que je redoute!

PAULINE. Madame de Melcourt!

FERDINAND. Oui; ses fréquentes visites, l'amitié qu'elle affecte pour toi, les démonstrations bruyantes par lesquelles elle la témoigne, produiraient le plus fâcheux effet sur l'esprit de ma mère.

PAULINE. Que veux-tu, Ferdinand? je ne la cherchais pas; un hasard malheureux m'a jetée sur sa route, comme elle se rendait aux eaux de Bagnères. Je l'avais autrefois rencontrée à Londres, où nous nous étions connues sans nous lier. Aussi je fus bien surprise quand elle vint à moi, m'appela sa chère amie, et me déclara, après une courte conversation, qu'elle s'arrêterait à Toulouse pour jouir du spectacle de mon bonheur. Si j'avais été seule, Ferdinand, la froideur de mon accueil l'eût assurément éloignée... mais elle m'avait vue à Londres à une époque... fatale... Tu étais aussi intéressé que moi à son silence... il fallut bien l'acheter... Heureusement elle est attendue à Bagnères et ne tardera pas à se mettre en chemin...

FERDINAND. C'est ce qui te trompe. Madame de Melcourt connaît la ridicule passion qu'elle a inspirée à ce fou de Clodion.

PAULINE. Ton cousin?

FERDINAND. Oui, et je crois qu'elle ne serait pas fâchée d'entrer dans notre famille.

PAULINE. Tu prends au sérieux?...

FERDINAND. Il le faut bien. Sais-tu que Clodion m'a fait ses confidences, et qu'il veut absolument l'épouser?

PAULINE. Eh bien, que veux-tu que je fasse? Ordonne, et j'obéirai.

FERDINAND. Il faut, avant tout, écrire à madame de Melcourt. (*Il regarde le secrétaire.*) Quelle imprudence! la clef y est encore. Pauline, Pauline, ce secrétaire contient toute notre correspondance, c'est-à-dire des secrets que le monde ignore et doit toujours ignorer. Peux-tu le laisser ouvert?

PAULINE. Mais, mon ami, je n'étais sortie que pour un instant; et puis, que veux-tu? dix fois par jour je relis tes lettres... C'est mon excuse.

FERDINAND. Que te disent-elles que je ne puisse te dire?... Ah! si tu m'en croyais...

PAULINE. Eh bien?

FERDINAND. Tu brûlerais jusqu'à la dernière!

PAULINE.

AIR :

Moi, les brûler! ah! connais mieux mon cœur!
Mais quand tu pars et qu'il me faut attendre,
En parcourant ces gages de bonheur,
Je crois encore te parler et t'entendre!
Des passions on connaît le retour!
Là chaque page atteste que tu m'aimes.
Toi, Ferdinand, oubliant notre amour,
Tu peux, hélas! tu peux changer un jour!
   Tes lettres resteront les mêmes!

FERDINAND. Chère Pauline!...

PAULINE. Oh! cette fois... je ne me trompe pas, une voiture s'arrête.

FERDINAND. C'est vrai.

PAULINE. C'est elle... c'est ta mère!... Eh bien, mon émotion te gagne?

FERDINAND. Il y a si longtemps que je ne l'ai embrassée!

UN DOMESTIQUE, *entrant.* La voiture de madame la marquise de Livry vient d'entrer dans la cour.

FERDINAND. Je cours au devant d'elle. Et toi, prends le temps de te remettre, je l'exige. (*Il va pour sortir et revient.*) Pauline, sois pour ma mère ce que tu es pour tout le monde, et tout ira bien.

···

SCÈNE II.

PAULINE, *seule.*

Généreux ami ! ah ! je ne puis me faire illusion... son inquiétude est au moins égale à la mienne. Quoi qu'il puisse dire, il redoute pour moi le jugement de sa mère, et je sens bien que cette entrevue va décider du bonheur de toute ma vie. (*Elle va à la fenêtre.*) La voilà qui descend de voiture... elle se jette dans ses bras... Oh ! il me semble qu'une mère si bonne doit aimer ceux qui aiment son fils..... Je les entends qui montent..... *Elle traverse le théâtre, met la main sur le bouton de la porte, et s'arrête tout à coup.* Je suis folle !...

···

SCÈNE III.

LA MARQUISE, FERDINAND, PAULINE.

LA MARQUISE. Eh bien, où est-elle donc, cette chère Pauline ?

PAULINE, *allant au devant d'elle, et voulant lui prendre la main.* O madame !

LA MARQUISE. Est-ce comme cela qu'on reçoit une mère ?... Voyons, venez m'embrasser.

PAULINE, *respirant.* Madame !... que cet accueil me fait de bien !

LA MARQUISE. Vous aviez peur de moi, m'a dit Ferdinand. Il m'a-ait faite, à ce qu'il paraît, bien fière et bien méchante ; mauvais fils ! Il n'est pas étonnant qu'il ait oublié mon caractère... Il y a si longtemps que nous sommes séparés !....

FERDINAND. Ne comptez pas, ma mère ; je reconnais que j'ai été bien coupable.

PAULINE. Et c'est justement, madame, parce que c'est moi qui ai été la cause de cette longue séparation que je tremblais de me présenter devant vous.

LA MARQUISE. Aussi croyez bien que nous n'en avons pas fini ensemble. Mais commençons par monsieur... Depuis qu'il a renoncé au service, combien de jours a-t-il passés auprès de moi ?... il serait facile de les compter... Un mois en 1833, quinze jours en 1835 ses visites n'étaient jamais assez courtes... Je conçois maintenant qu'il fût pressé de vous rejoindre... mais me cacher son mariage, à moi !

FERDINAND. Comment vous l'avouer sans l'avouer à mon père ? et vous le savez bien,

autant j'ai confiance en vous, autant je suis sûr de votre amour, autant je craignais monsieur de Livry ! L'exil auquel il s'était condamné pour suivre les princes qu'il regardait comme ses souverains légitimes avait encore aigri son caractère... Aurais-je osé lui dire que j'avais épousé, moi, son fils unique, la fille d'un officier de l'empire ?

LA MARQUISE. Mais, mon fils, pourquoi avez-vous plus compté sur moi que sur votre père ?

FERDINAND. Parce que vous êtes femme, vous, ma mère, et que le cœur d'une femme comprend tout ce qui est amour.

LA MARQUISE. C'est très-bien dit ; mais il n'en est pas moins vrai que nous voilà enfin réunis, que j'ai trouvé vos lettres quelquefois obscures, toujours insuffisantes, et que je désire un peu qu'on me raconte tout cela.

FERDINAND. Ma mère....

LA MARQUISE. Ah ! au tour de cette chère belle ! il n'y a que vous qui parlez. Le moyen que je l'apprivoise si nous ne causons pas un peu ensemble !... Les femmes ont toujours besoin de parler beaucoup avant d'arriver à quelque chose. Parlez... Voyons.

PAULINE. Mais, madame la marquise, au moment où vous arrivez, nous ne pouvons vous tenir ainsi...

LA MARQUISE. Je n'ai besoin de rien. Je suis venue à petites journées, j'ai couché à Alby et j'ai dîné à Saint-Sulpice. Dans un quart d'heure, une demi-heure, je prendrai une tasse de thé, et voilà tout.

PAULINE. Permettez au moins que je fasse porter quelques lettres, pour prévenir les personnes qui devaient venir ce soir que nous ne serons pas chez nous.

LA MARQUISE. Comment ! vous avez soirée ?

FERDINAND. Nous recevons tous les mardis. Si nous avions su le jour précis de votre arrivée, nous aurions donné contre-ordre.

LA MARQUISE. Oh ! pas de dérangement... faites absolument comme si je n'y étais pas ; si je suis fatiguée, je resterai dans ma chambre. Si, comme je l'espère, je me trouve bien, je descendrai et je renouvellerai connaissance. Ainsi, ma chère belle-fille, vous n'y échapperez pas. J'écoute.

PAULINE. Madame la marquise, vous savez..

LA MARQUISE. Je ne sais rien.

PAULINE. Comme vous l'a dit monsieur de Livry, je suis d'une naissance obscure ; mon père était d'une famille de bons fermiers de la Marche en Lorraine ; à l'âge de dix-huit ans, il s'engagea. Hélas ! madame, c'était pour servir une cause contre laquelle monsieur de Livry combattait ; si ce fut un crime selon votre opinion, ne m'en faites point porter la peine, à moi qui en suis innocente.

LA MARQUISE. Me croyez-vous si injuste?

PAULINE. En 1814, il était lieutenant-colonel et officier de la Légion d'honneur. Celui qui l'avait fait tout cela tomba... Alors, mon père désira quitter le service et obtint une faible retraite. Je n'étais pas là pour le consoler, madame; depuis deux ans, j'étais entrée à Saint-Denis... 1815 arriva, et avec 1815, le retour de l'empereur. Pardon, madame, du bienfaiteur de mon père... En apprenant la nouvelle de ce retour inattendu, mon père courut reprendre son épée et... je ne sais comment vous dire cela, madame, il fut un des premiers à rejoindre Napoléon... Que voulez-vous? la France était folle!...

LA MARQUISE. Continuez...

PAULINE. Hélas! l'étoile du grand capitaine et la vie du soldat fidèle devaient s'éteindre le même jour... Mon père fut tué à Waterloo... ma mère, brisée par la douleur, ne tarda pas à le suivre. Et quand le temps de ma pension fut achevé, je me trouvai seule au monde... seule, je me trompe, il me restait une tante... mais aussi pauvre que moi... et nous étions tout à fait dans la misère lorsque...

LA MARQUISE. Eh bien, lorsque?...

FERDINAND, *vivement*. Lorsqu'un ancien ami de son père parla de Pauline à... la duchesse de Sommerset, qui cherchait une maîtresse de chant et de dessin pour ses filles. Pauline lui fut présentée, et peu de temps après elle quitta la France pour l'Angleterre.

PAULINE, *bas*. Oh! merci!

FERDINAND. Et c'est à Sommerset-house, dans une chasse où le duc m'avait invité, que je la rencontrai pour la première fois... Vous savez qu'après l'Angleterre, je devais visiter l'Allemagne et l'Italie... Me blâmerez-vous encore d'avoir perdu tout à coup le goût des voyages? me pardonnerez-vous de m'être mésallié?...

LA MARQUISE. Je pardonne tout. Je ne voulais voir dans ma belle-fille que la noblesse du cœur; l'autre, nous en avons assez pour partager avec elle. Venez, mes enfants.

PAULINE. O ma mère!

FERDINAND. Ma mère!

PAULINE. Comment reconnaître jamais...

LA MARQUISE. En le rendant heureux.

FERDINAND. Maintenant, Pauline, donne tes ordres, fais préparer l'appartement de ma mère, et n'oublie pas qu'elle a demandé du thé.

PAULINE. J'y vais. (*La Marquise l'embrasse au front, Pauline lui baise la main; puis, passant auprès de son mari, elle lui passe le bras autour du cou en lui disant:* O je suis heureuse!...

Elle sort.

SCÈNE IV.

LA MARQUISE, FERDINAND.

FERDINAND, *à part*. Dieu soit loué! tout s'est bien passé. (*Haut.*) Eh bien, ma mère?...

LA MARQUISE. Charmante.

FERDINAND. Maintenant que votre légitime curiosité est satisfaite, me permettrez-vous de vous adresser une prière?

LA MARQUISE. Laquelle?

FERDINAND. Vous avez vu l'embarras qu'éprouvait Pauline en vous répondant?

LA MARQUISE. Et je m'en suis étonnée. Y avait-il dans tout ce qu'elle m'a dit un aveu pénible à faire? Quoi de plus simple et de plus intéressant?

FERDINAND. Il m'importe! elle a des délicatesses d'amour-propre que je dois respecter. Faites-moi la grâce d'imiter mon exemple, et qu'à l'avenir pas une question sur les événements de sa vie qui ont précédé notre mariage...

LA MARQUISE. Pas une! D'ailleurs que me reste-t-il à apprendre? elle est digne de vous: cela suffit. J'arrivais mal disposée, je l'avoue; il est bien rare qu'une mère ne s'occupe pas du mariage de son fils, et j'en avais arrangé un autre pour vous. Vous savez... la fille de ma vieille amie... Florentine Dostanges..... C'est un rêve que la comtesse et moi nous faisions ensemble... et j'ai eu d'autant plus de peine à y renoncer que ma pauvre Marie est à peu près ruinée.

FERDINAND. Oui... j'en ai entendu dire quelque chose... mais il y a déjà longtemps. Mon Dieu, cela me rappelle...

LA MARQUISE. Quoi?

FERDINAND. Que depuis huit ou neuf jours il y a ici une lettre d'elle pour vous. Vous lui aviez donc écrit des eaux de Baden?

LA MARQUISE. Oui, et je lui avais dit que je serais à Toulouse dans les premiers jours de ce mois; où est cette lettre?

FERDINAND. Dans ce secrétaire, dont Pauline vient de prendre la clef; nous allons la lui demander tout à l'heure. Et comment madame Dostanges a-t-elle perdu sa fortune?

LA MARQUISE. Pour en avoir confié la plus grande partie à l'un de nos spéculateurs à la mode. C'était une de ces entreprises magnifiques qui doivent rapporter des millions, et qui aboutissent après six ou huit mois à quelque honteuse faillite... Ah! si les événements ne nous avaient pas séparées, jamais cette pauvre et confiante amie...

CLODION, *en dehors*. M'annoncer, moi?... et pourquoi faire?

LE DOMESTIQUE. Mais c'est que madame la marquise est arrivée.

CLODION, *ouvrant la porte.* Tant mieux, tant mieux! Je serai enchanté de lui présenter mes hommages.

SCÈNE V.

LES MÊMES, CLODION.

FERDINAND, *prenant Clodion par la main.* Madame la marquise, permettez que je vous présente le fils de votre sœur, un petit-neveu, qui, en votre absence, s'est fait grand.

CLODION. Eh bien, ma tante, vous voilà donc de retour parmi nous! comment avez-vous trouvé notre ville de Toulouse, la vieille cité magistrale? furieusement embellie, n'est-ce pas?

LA MARQUISE. Mais je n'ai pas encore eu le temps d'en juger; j'arrive, et je n'ai traversé que les rues qui me conduisaient ici.

CLODION. Ah! alors vous verrez.

Air : Soldat français, etc.

L'asphalte couvre nos trottoirs,
Le gaz éclaire nos boutiques;
Le moyen âge embellit nos boulevards,
Et nos cafés sont magnifiques.
Musard donne ici des concerts,
On sen second au moins l'égale.
Dans la revue, enfin, on lit mes vers,
Vous voyez, grâce aux beaux-arts, aux grands airs,
Nous tournons à la capitale.

LA MARQUISE. O mon Dieu! mon cher Clodion... est-ce que vous auriez le malheur d'être devenu poète?

CLODION. Je ne suis pas devenu, ma tante, je l'ai toujours été. O Livry! il faudra que je te dise des vers que j'ai faits à madame de Melcourt.

FERDINAND. Madame la marquise, Clodion voudrait faire croire que je l'écoute... je vous jure sur ma parole d'honneur qu'il n'en est rien.

LA MARQUISE. Et sans indiscrétion, monsieur mon neveu, quelle est cette dame de Melcourt à qui les vers sont adressés...

CLODION. Une femme charmante, madame la marquise, une femme artiste.

LA MARQUISE. Ah! mon Dieu!

CLODION. Qui chante comme la Sontag... D'ailleurs, vous la verrez ce soir. A propos, Livry, tu permets que je t'amène un étranger... un voyageur qui vient d'Espagne, et qui m'est recommandé par un de mes amis de Bayonne! un homme de la plus haute importance, à ce qu'on m'a dit...

FERDINAND. C'est que, veux-tu que je te dise, Clodion, je me défie fort des amis de tes amis.

CLODION. Laisse donc... c'est un homme fort bien.

FERDINAND. Son nom?

CLODION. Monsieur de Fontenay.

FERDINAND. Son âge?

CLODION. Un âge respectable... trente-six ans.

FERDINAND. Quelle est sa position?

CLODION. Sa position? il attend la mort de son oncle. Que de questions! je lui ai déjà promis de l'amener; veux-tu me faire manquer à ma parole?

FERDINAND. Ah! si tu le lui as promis... c'est autre chose; il fallait commencer par me dire cela... Ma mère, vous n'assisterez pas à cette soirée, je présume... vous serez trop fatiguée.

CLODION. Oh! ce serait grand dommage, ma tante... je tiens beaucoup à ce que vous voyez madame de Melcourt.

LA MARQUISE. Mais elle ne part pas demain, cette madame de Melcourt.

CLODION. Non... non. (*Se caressant le menton.*) Je crois même qu'elle n'est pas très-éloignée de se fixer à Toulouse... Hein... j'espère que ce serait un triomphe pour notre ville. Une Parisienne qui a vu toutes les capitales...

Air de Masaniello :

Elle a visité Vienne et Londre,
Berlin, Copenhague et Hambourg;
Et sans moi, je puis en répondre,
Elle allait à Saint-Pétersbourg!
Il n'est point de villes fameuses
Qu'elle n'ait jugée en courant;
C'est la reine des voyageuses!

FERDINAND.
Et la fille du Juif errant!

LE DOMESTIQUE *annonçant.* Madame de Melcourt.

FERDINAND, *vivement.* Nous n'y sommes pas...

CLODION. Comment! nous n'y sommes pas?...

FERDINAND. Eh! non, sans doute... tu vois bien.

CLODION. Une amie intime de ta femme... Ferdinand, je t'en préviens, Pauline sera furieuse...

FERDINAND. Une simple connaissance.

CLODION. N'en croyez rien, ma tante; ces deux dames ne se quittent pas.

LA MARQUISE. Mais si c'est une amie de Pauline... je t'en prie...

CLODION. Vous permettez, n'est-ce pas?... je cours au devant d'elle...

FERDINAND. Clodion!...

CLODION, *s'élançant après madame de Melcourt.* Très-bien, très-bien.

SCÈNE VI.

LA MARQUISE, FERDINAND.

LA MARQUISE. O le pauvre garçon !..... Mais sais-tu qu'il est devenu effroyablement ridicule ?...

FERDINAND. Ne m'en parlez pas, ma mère... je ne sais pas dans quelle espèce de monde il est tombé à Paris, mais le fait est que le voilà tel qu'il nous est revenu.

On entend le bruit de quelque chose qui tombe.

LA MARQUISE. O mon Dieu !

FERDINAND. Dans son empressement à rejoindre madame de Melcourt, il sera tombé sur l'escalier.

SCÈNE VII.

LES MÊMES, CLODION, Mᵐᵉ DE MELCOURT.

Mᵐᵉ DE MELCOURT entre en éclatant de rire. Ha! ha! ha! monsieur de Livry, vous avez un cousin qui sera cause de ma mort... Ha! ha! ha! imaginez-vous qu'en descendant l'escalier... en descendant l'es... ca... Ha! ha! ha!... lier... le pied... qu'est-ce que je dis ?... les deux pieds ensemble... Ha! ha! ha! de sorte que figurez-vous ce pauvre monsieur Clodion. (Elle indique qu'il a roulé du haut en bas.) Ha! ha! ha!

CLODION, très-gracement. Je crains de m'être luxé le genou.

Mᵐᵉ DE MELCOURT. Luxé... oh! monsieur Clodion, par grâce, ne répétez point ce mot-là... vous me feriez mourir... Ha! ha!

FERDINAND, très-gracement. Ma mère... madame de Melcourt.

Mᵐᵉ DE MELCOURT. Oh! pardon, madame la marquise... mais voilà mon excuse... Quel bonheur de vous voir arrivée à bon port! nous vous attendions avec impatience... Mais vraiment, si vous aviez été à ma place et que vous eussiez vu monsieur Clodion... Ha! ha! ha!

CLODION. Madame, c'est en me précipitant au devant de vous, et il me semble que comme victime de ma galanterie, j'aurais droit à plus d'indulgence...

Mᵐᵉ DE MELCOURT. Eh bien, alors, mettez-vous là... là derrière... que je ne vous voie plus, et alors cela se passera... Je disais donc, madame, que cette chère Pauline et moi, nous parlions tous les jours du désir qu'elle avait de vous voir, du penchant qu'elle avait à vous aimer; et moi, madame, qui entendais faire si souvent votre éloge... je me trouvais dans les mêmes dispositions...

LA MARQUISE. Je suis trop heureuse, madame, de vous avoir inspiré de pareils sentiments avant d'avoir eu l'honneur...

Mᵐᵉ DE MELCOURT. O mon Dieu! madame, c'est dans la nature... un instinct de caste... Il faut bien que nous nous tenions par la main. N'est-ce pas que Pauline est charmante ?... Et cependant vous ne connaissez pas encore tous ses talents... Imaginez-vous... qu'elle est musicienne de première force... et une voix qui aurait pu faire sa fortune... D'honneur, le directeur du théâtre Italien, à Londres, lui avait proposé...

FERDINAND. Madame...

Mᵐᵉ DE MELCOURT. Ah! pardon, je confonds... je ne sais ce que je dis... maintenant, il faut que je m'excuse de vous avoir dérangés, d'avoir forcé la consigne... mais c'est aujourd'hui votre jour, n'est-ce pas?... L'arrivée de madame la marquise n'a rien changé... Je venais consulter Pauline sur ma toilette de ce soir.

FERDINAND. Je ne sais pas si elle est ici...

CLODION. Oui, oui, oui... elle est dans sa chambre.

LA MARQUISE, bas, à Ferdinand. Cette dame est vraiment l'amie intime de ma fille?...

FERDINAND. Non, ma mère... je vous promets que non...

Mᵐᵉ DE MELCOURT. A propos, avez-vous pensé à mon bouquet?

CLODION. Il sera superbe : des œillets, des tubéreuses, de l'héliotrope et de la fleur d'orange.

Mᵐᵉ DE MELCOURT. Ah! l'horreur !... Mais vous voulez donc me faire mourir ?... je déteste les fleurs odorantes... Etes-vous comme moi, madame la marquise?

LA MARQUISE. Non, madame.

Mᵐᵉ DE MELCOURT. Les opinions sont libres. (Bas, à Clodion.) Elle n'est point bavarde, votre tante... C'est étonnant, pour une douairière.

CLODION. Vous ne la trouvez donc pas...

Mᵐᵉ DE MELCOURT. C'est une bégueule. (Haut.) Madame...

LA MARQUISE. Madame...

Mᵐᵉ DE MELCOURT. Monsieur de Livry, je monte chez Pauline; je ne la retiendrai que trois minutes.

Air de la Seconde Année.

A ce soir, j'ai l'espérance
Que vous pourrez m'accorder
La première contredanse;
J'ose vous la demander.

Mᵐᵉ DE MELCOURT.

Mais, monsieur, cette foulure ?

CLODION.

Perdez-en le souvenir;
Il est une autre blessure
Qui me fait bien plus souffrir.

RÉPONSE.

Mme DE MELCOURT.

A votre aimable espérance
Je sais que je dois céder;
La première se contredire,
Je veux bien vous l'accorder.

Quant à mon bouquet, vous entendez : des camélias, des grenades et des roses du Bengale; si j'y trouve une seule fleur à parfum, je la jette par la fenêtre.

SCÈNE VIII.

LES PRÉCÉDENTS, CLODION, *revenant en scène.*

CLODION. Ah! eh bien, ma tante, que dites-vous de madame de Melcourt?

LA MARQUISE. Qu'il n'y a besoin que de la voir pour se former une opinion sur son compte.

CLODION. N'est-ce pas, hein? comme on reconnaît tout de suite les grandes manières! comme cela sent son faubourg Saint-Germain!

FERDINAND. Tais-toi, Clodion; tu es fou.

CLODION. Oh! toi, tu es mal pour madame de Melcourt, je ne sais pas pourquoi...

LA MARQUISE. Mais si le marquis est mal pour elle... elle me paraît très-bien pour vous...

CLODION. Eh bien, oui, ma tante, je l'avoue; je n'ai aucunement à m'en plaindre... il est vrai que j'ai attaqué son cœur par des moyens invincibles... j'ai fait le Werther, le Réné, l'Antoni; bref, ma tante, je crois ne lui être point indifférent.

LA MARQUISE. Et de votre côté?...

CLODION. Moi, je l'adore... de sorte que votre arrivée cadre à merveille avec mes intentions.

LA MARQUISE. Vos intentions... mon Dieu! vous auriez des intentions...

CLODION. Très-sérieuses; et comme vous êtes la personne la plus considérable de notre famille, je désirais vous consulter. Oui, ma tante, l'exemple de mon cousin me détermine... le bonheur dont il jouit... ma sensibilité naturelle... la sympathie de nos humeurs... enfin, dites un mot d'approbation, et je me marie.

LA MARQUISE. Vous vous mariez? et croyez-vous que le président, votre père, y consente?...

CLODION. Mais assurément, quoique je n'aie pas encore eu le temps de lui en parler, attendu qu'il est absent depuis six semaines, et que madame de Melcourt n'est ici que depuis un mois... Mais en attendant, votre approbation m'eût été bien précieuse.

LA MARQUISE. Mon approbation est superflue tant que vous aurez votre père, monsieur, et c'est son avis seul qu'il faut prendre.

CLODION. Mais en supposant qu'il vous appelle à lui donner le vôtre, ma chère tante?

LA MARQUISE. Madame de Melcourt est veuve?

CLODION. On l'a mariée presque enfant à un colonel qui a été tué en Afrique... C'est une histoire très-touchante; elle se sacrifia.

LA MARQUISE. Eh bien, monsieur mon neveu, mon avis est que, étant jeune et pouvant choisir, je n'épouserais jamais une femme qui ne m'apporterait pas ses premières impressions... son premier amour.

CLODION. Mais puisque je vous dis qu'elle ne pouvait pas souffrir le colonel!

FERDINAND. Assez, Clodion, assez; nous reprendrons cette discussion plus tard. Tu dois comprendre qu'au moment où ma mère vient d'arriver, tout ce qui peut écarter de mon cœur la joie d'un pareil retour est au moins inopportun. (*Un domestique entre avec un plateau de thé.*) Prends-tu le thé avec nous?

CLODION. Il m'est impossible de refuser, puisque voilà ma belle cousine.

SCÈNE IX.

LES PRÉCÉDENTS, PAULINE.

PAULINE. Pardonnez-moi de vous avoir fait attendre, madame; une visite m'a retenue.

LA MARQUISE. Quoi! seule encore?... vous ne m'amenez pas...

PAULINE. Qui donc?

LA MARQUISE. Un personnage que je serais bien heureuse de gâter; mon petit-fils; je suis coupable de ne l'avoir pas demandé plus tôt.

FERDINAND. Ma mère...

LA MARQUISE. Quoi? est-il souffrant?...

FERDINAND. Nous ne l'élevons pas auprès de nous.

LA MARQUISE. Que me dites-vous là, mon fils?

FERDINAND. La santé de cet enfant a été longtemps chancelante... Dieu merci, elle est rétablie... mais Pauline se tuait d'inquiétudes et de veilles... aucun moyen de lui faire entendre raison... J'ai dû prendre un parti violent; je l'ai fait entrer dans une pension à deux lieues de Toulouse; un air excellent... de très-bons professeurs; sa mère le voit tous les deux jours.

CLODION. Que de façons! au lieu de faire d'abord cet aveu tout naturel : J'ai horreur du bruit, et je n'aime les enfants que de loin !

FERDINAND, Clodion...

CLODION. Ma tante, grondez-le ; c'est un mauvais père, et je ne suis pas le premier qui le remarque.

LA MARQUISE. Ferdinand, je n'ai qu'une chose à vous dire : jusqu'au jour de votre entrée dans le monde vous ne m'avez jamais quittée...

PAULINE. Ma mère, c'est dans mon intérêt...

LA MARQUISE. Oh! ce n'est pas à vous que je fais ce petit reproche ; je vous connais déjà, ma chère fille ; vous êtes la douceur même et ne savez que céder... il faut se révolter quelquefois.

FERDINAND. Demain on doit vous amener Paul ; je demanderai pour lui quinze jours de vacances.

PAULINE, *lui prenant la main*. Mon ami...

LA MARQUISE. Et nous verrons s'il n'y a pas moyen de le garder.

CLODION. Le thé va refroidir.

LA MARQUISE. Pendant que vous êtes debout, ma fille, pouvez-vous me donner une lettre de ma tante Dostanges qui est, m'a-t-on dit, dans ce secrétaire ?

PAULINE. En effet, j'avais oublié...

FERDINAND, *bas*. Remettez-vous donc ; vous avez des larmes dans les yeux.

CLODION, à *la Marquise*. Vous offrirai-je de la crème, ma tante ?

LA MARQUISE. Un peu ; merci !

PAULINE. Voici, madame la marquise.

LA MARQUISE. Oui, c'est cela. Ah! vous croyez que j'ai encore vos beaux et bons yeux ; hélas! il n'en est rien.

PAULINE. Alors, je sollicite la place de votre lectrice ; me l'accordez-vous ?

LA MARQUISE. Oui, sans doute ; et je vous payerai en reconnaissance.

CLODION. Je crains...

LA MARQUISE. Vous pouvez rester. Marie me parle sans doute de ses malheurs, et ils ne sont que trop connus.

PAULINE. J'entre en fonctions : « Ma chère » Cécile, après quatre ans de recherches » vaines, j'ai enfin appris ce qu'est devenu » le spéculateur qui m'a ruinée, l'homme à » qui j'ai si imprudemment confié ma for-» tune et celle de ma fille ; ce malheureux... »

LA MARQUISE. Eh bien ?

PAULINE. « Le malheureux d'Herbanne... »

FERDINAND. D'Herbanne ?

LA MARQUISE. Est-ce que tu le connais ?

FERDINAND. Et comment voulez-vous que je le connaisse ?

LA MARQUISE. Pardon ; mais c'est que son nom avait paru te frapper... Continuez, Pauline.

PAULINE. « Il s'était sauvé en Angleterre

» avec une femme nommée Pauline Butler. »

CLODION. Pauline! Tiens, le même nom que vous, cousine! ces femmes-là devraient avoir un calendrier spécial.

PAULINE. « Dont les fantaisies dispendieu-» ses ont sans doute hâté sa ruine. Voilà en » quelles mains est passée la dot de mon en-» fant! Après un an de séjour à Londres, il » en est parti pour nouer je ne sais quelles » spéculations d'argent avec un des partis qui » divisent l'Espagne ; il a, dit-on, été fusillé... » Cependant ton cousin, qui s'est occupé de » cette affaire avec la patience et le dévoue-» ment que vous lui connaissez, et qui a dé-» couvert à Bayonne l'oncle d'Herbanne, » respectable vieillard, fixé depuis longtemps » dans cette ville, a appris de lui que la mort » de son neveu était contestée, et qu'il n'é-» tait peut-être que prisonnier. »

CLODION. Ah! tant mieux!

LA MARQUISE. Certes! pauvre Marie... elle a donc quelque chance de recouvrer ce qu'elle a perdu.

PAULINE. « Que d'Herbanne soit mort ou » vivant, j'ai tout espoir dans la justice de » cet oncle, dont la fortune est, à ce qu'il pa-» raît, considérable. Je pars, emportant avec » moi les titres, les papiers, qui établissent de » quel abus de confiance j'ai été la victime. » Si j'étais sûre que vous êtes arrivée à Tou-» louse, j'en prendrais la route, et je vous » confierais en passant ma pauvre Floren-» tine. Votre fidèle amie, Marie Dostanges. »

LA MARQUISE. Et elle n'indique pas le jour de son départ ?

PAULINE. Si fait, dans un post-scriptum ; elle partira du dix au quinze.

LA MARQUISE. C'est aujourd'hui le onze ; ma réponse peut la trouver encore à Paris. Sans doute il faut qu'elle passe par Tou-louse! j'aurai tant de plaisir à la revoir, à l'embrasser! Jusqu'à quelle heure partent vos lettres ?

PAULINE. Jusqu'à sept heures du soir.

LA MARQUISE. Je n'ai pas de temps à perdre. Ne comptez pas ce soir sur moi, mes enfants ; je serais trop distraite, trop préoccu-pée ; je resterai dans ma chambre ; si vous avez un instant, venez m'embrasser.

FERDINAND, *appelant son domestique*. Louis, conduisez ma mère chez elle.

LA MARQUISE. Vous attendrez que j'aie écrit, n'est-ce pas, pour porter tout de suite la lettre à la poste ?

La Marquise sort avec Louis.

CLODION. Eh bien, belle cousine, qu'avez-vous donc ?

PAULINE. Rien, rien.

CLODION. Ce d'Herbanne! quelque agio-teur... un fripon de bourse! Ah! le prési-dent, mon père, l'a dit bien des fois : Si je suis jamais appelé à juger un de ces flibustiers du beau monde...

FERDINAND. Tu n'as plus que le temps juste de t'habiller et de commander le bouquet de madame de Melcourt ; veux-tu te brouiller avec elle ?

CLODION. Non, non ; je te remercie de m'avoir rappelé... c'est cette histoire... Je sors et je reviens dans une heure avec le bouquet le plus élégant et le gilet le plus splendide... un gilet de lion, tu verras !

Il salue et sort.

SCÈNE X.

FERDINAND, PAULINE.

PAULINE. Seuls, enfin ! nous sommes seuls ! Ah ! que j'ai souffert !

FERDINAND. Et moi, moi ! Hasard maudit ! cette lettre... qui aurait pu croire ?... Il n'est peut-être que prisonnier... avez-vous remarqué cela, madame ?

PAULINE. Ferdinand, c'est assez de la réalité ; ne vous forgez pas des malheurs imaginaires... d'Herbanne est mort !

FERDINAND. Vous en êtes sûre, n'est-ce pas ? vous ne m'avez pas trompé ?

PAULINE. Quel soupçon !

FERDINAND. Oh ! pardonne... mais s'il est vivant !... s'il était possible que je me trouvasse un jour en face de lui !... cette idée-là me rend fou !...

PAULINE, *suppliant.* Par grâce...

FERDINAND. Ah ! Pauline, Pauline ! prends donc quelque empire sur toi-même ! il a fallu toute la préoccupation de Dufour et de ma mère pour qu'ils ne lussent pas écrit sur ton front : C'est de moi qu'il s'agit ; c'est moi qui suis cette femme...

PAULINE. Ferdinand !

FERDINAND. C'est qu'il y va de mon repos, de mon avenir, de mon honneur. Si le monde soupçonnait jamais... je serais déshonoré, je serais perdu ! Et ma mère ! ma mère, donc ! ah ! c'est tout au plus si elle-même comprendrait à quel point tu as été noble dans ton malheur, vertueuse...

PAULINE. Dans ma honte ; dites tout, Ferdinand, je suis résignée à tout.

FERDINAND. Ah ! je n'ai rien à dire ! Dieu m'est témoin que rien ne peut altérer l'amour que je t'ai juré, l'estime que tu m'inspires. Mais le monde ne juge pas sur les apparences. Si tu pouvais...

PAULINE. Si je pouvais mentir, n'est-ce pas ! Ferdinand, j'en suis incapable, et c'est pour cela que vous m'aimez.

FERDINAND. Ce misérable d'Herbanne ! oh ! qui m'eût dit que je pourrais haïr à ce

point un homme que je n'ai jamais vu, qui ne m'a point connu, qui est mort ?

PAULINE. Il ne mérite pas les noms qu'on lui donne ; il est innocent de sa ruine, comme je le suis moi-même ; des affaires malheureuses... rien de plus.

FERDINAND. Pauline !... mais je crois que tu le défends ?

PAULINE. Je défends sa mémoire !

FERDINAND. Pauline, oublie ce que je t'ai dit ; ce n'est pas mon cœur qui a parlé, c'est ma colère, c'est mon orgueil !... Oh ! pas de larmes !... Quel est le ménage où il n'y a pas quelques moments de trouble ? et le bonheur d'être aimé de toi peut-il être payé trop cher ?

UN DOMESTIQUE, *annonçant.* Madame de Melcourt.

FERDINAND. Pauline, il faut que cette femme parte, qu'elle quitte Toulouse... elle t'a connue en Angleterre... et quand même sa bouche te garderait le secret, ses manières te trahissent !...

PAULINE. Je ferai ce que je pourrai... mais tu m'aimes toujours, n'est-ce pas ?...

FERDINAND. Oh !

PAULINE. C'est un miracle de Dieu qui a fait mon bonheur, il ne voudra pas le troubler. Va, sois tranquille.

Ferdinand sort.

SCÈNE XI.

PAULINE, Mme DE MELCOURT.

Mme DE MELCOURT. Ah ! ma présence chasse monsieur de Livry, à ce qu'il paraît ?

PAULINE. Non pas ; il était en redingote, et il va passer un habit.

Mme DE MELCOURT. Mais toi-même, tu ne songes pas encore à ta toilette... Je vois que je suis venue trop tôt.

PAULINE. Point du tout ; car j'avais justement à te parler.

Mme DE MELCOURT. Tu voulais me consulter sur ta coiffure ?

PAULINE. Non, c'est quelque chose de plus important que j'ai à te dire.

Mme DE MELCOURT. Parle.

PAULINE. Il s'agit de notre cousin.

Mme DE MELCOURT. Ah ! ah !... de monsieur Clodion... tu sais qu'il est mon adorateur déclaré....

PAULINE. Et toi, est-ce que tu songes sérieusement ?...

Mme DE MELCOURT. Pourquoi pas ?... car enfin, s'il persiste à m'offrir sa main, comme il l'a déjà fait, s'il y met tous les jours autant d'ardeur et d'éloquence que ce matin encore... Oh!... je ne réponds pas que dans un moment de faiblesse...

PAULINE. Tu l'épouserais?

Mme DE MELCOURT. Que veux-tu? il faut bien faire une fin.

PAULINE. Toi, madame Dufour?

Mme DE MELCOURT. Et pourquoi pas?... c'est un nom moins beau que le mien, mais plus solide.

PAULINE. Mais la province?...

Mme DE MELCOURT. Eh bien, je me suis déjà familiarisée avec l'idée de l'habiter..... Quant à monsieur Dufour, c'est un bon enfant, un très-bon enfant.

      Air : *Restez, troupe jolie.*

Il a des formes singulières,
Mais ce n'est pas un grand malheur;
Je reformerai ses manières,
Et je changerai son tailleur.
Quant à sa longue chevelure,
Je prétends qu'il la change aussi,
Et tu lui verras la coiffure
Que portait mon premier mari.

PAULINE. Sa famille ne se résignera jamais à ce mariage.

Mme DE MELCOURT. La famille de monsieur de Livry s'est bien résignée au tien.

PAULINE. Fanny...

Mme DE MELCOURT. Parce que j'ai chanté les Garaudan... eh bien, mais j'allais épouser lord Falmouth lorsqu'il est parti pour l'Inde, et maintenant je serais pairesse d'Angleterre... j'irais à la cour avec une voiture à blason et des laquais poudrés. Laure, tu te rappelles bien Laure, qui n'avait qu'un mauvais contr'alto, et qui faussait toutes les fois qu'il passait le sol, maintenant elle est marquise... Alida est comtesse... Céline est baronne! eh bien, leur élévation ne leur a point tourné la tête... elles ont continué à me voir; point d'affectation, point de fierté... elles sont pourtant aussi grandes dames que toi, aussi riches... aussi heureuses.

PAULINE. Aussi heureuses! je n'ai pas de peine à le croire!

Mme DE MELCOURT. Est-ce que tu ne le serais pas?... O mon Dieu! pauvre Pauline... que me dis-tu là? Voyons...

PAULINE. Je dis que je ne te souhaite pas une félicité pareille à la mienne... Oh! quand je te prie de ne pas t'arrêter plus longtemps à Toulouse, je sais ce que je fais.

Mme DE MELCOURT. Oh! je vois ce que tu redoutes... les indiscrétions... les découvertes... Oh! qui serait donc assez lâche pour troubler le repos de monsieur de Livry, en lui apprenant...

PAULINE. Monsieur de Livry n'a plus rien à apprendre.

Mme DE MELCOURT. Tu lui as avoué...

PAULINE. Tout.

Mme DE MELCOURT. Après ton mariage?

PAULINE. Avant.

Mme DE MELCOURT. Et malgré cela...

PAULINE. Oui, malgré cela... malgré mes refus; car Dieu m'est témoin que je ne voulais pas consentir à ce mariage; j'avais eu des forces contre mon amour... je n'en eus pas contre le sien!... Oh! quand je vis que cet amour résistait aux aveux les plus humiliants, les plus cruels qu'une femme puisse faire à celui qu'elle aime... je sentis bien qu'il fallait céder.

Mme DE MELCOURT. Ah! maintenant je comprends tes chagrins; cette grande passion s'est refroidie et l'amant empressé est devenu un mari... enfin, un vrai mari... on ne peut rien dire de plus fort.

PAULINE. Détrompes-toi, Fanny; Ferdinand m'aime comme au premier jour; ce n'est pas son inconstance ou sa froideur qui me rend malheureuse... Je souffre parce que je le vois souffrir. Comme mon honneur est devenu le sien, il tremble à chaque instant que notre secret ne soit découvert. Le mot le plus innocent lui paraît une insulte. Juge donc, Fanny, si ta présence l'inquiète... toi qui m'as connue à Londres... toi qui d'un mot... échappé... par inadvertance, peux tout révéler à sa mère... Enfin deviné ses craintes, comprends mon tourment... devine ce que je n'ose demander, et juge... ce qu'il te reste à faire.

Mme DE MELCOURT. Moi, je ferai tout ce que tu voudras. Je suis folle, légère... ça, je le sais; mais pour une amie, je puis me dévouer. (*Avec une gravité comique.*) Ma vie n'a été qu'un long sacrifice.

PAULINE. O bonne Fanny!... je le savais bien.

LE VALET, *annonçant.* Monsieur Dufour, monsieur Fontenay.

PAULINE. Les voilà; fais-leur les honneurs du salon... je mets une fleur dans mes cheveux et je reviens.

           Elle sort.

SCÈNE XII.

Mme DE MELCOURT, *seule.*

Ah! cette pauvre Pauline!

      Air d'Yelva.

Allons, malgré mes avantages,
Malgré mon esprit, mes talents,
Sans cesse à tous mes mariages
J'aurai donc des empêchements!
Mais si j'une homme aujourd'hui veut me plaire,
Il peut demain être désenchanté;
Il faut que je le désespère,
C'est toujours une indemnité.

SCÈNE XIII.

Mᵐᵉ DE MELCOURT, CLODION, M. DE FONTENAY.

CLODION. Comment ! personne encore !
(*Apercevant Mᵐᵉ de Melcourt.*) Ah ! si
fait, mon cher baron ; en attendant la maîtresse de la maison, permettez que je vous
présente à sa meilleure amie. Madame de
Melcourt, monsieur de Fontenay, un de mes
amis.

M. DE FONTENAY. Madame.

Mᵐᵉ DE MELCOURT. Monsieur.

M. DE FONTENAY, *à part.* Mais cette femme
ne m'est pas inconnue.

Mᵐᵉ DE MELCOURT, *à part.* J'ai vu ce vi-
sage-là quelque part.

CLODION. Mon cher baron, regardez ces
paysages ; ce sont des Vouvermans...

M. DE FONTENAY, *souriant.* Cela vous
sera agréable ?

CLODION. Oui... oui... j'ai quelque chose
à dire à madame de Melcourt.

M. DE FONTENAY. A votre aise, mon cher ;
je suis très-grand amateur de tableaux.

Il tourne le dos à Clodion et à Mᵐᵉ de Melcourt.

CLODION. Que j'ai d'excuses à vous faire,
madame, de vous avoir laissée arriver ainsi
la première au rendez-vous !

Mᵐᵉ DE MELCOURT. Au rendez-vous ?...
ah ! le mot est étrange... il paraît qu'à Toulouse c'est ainsi qu'on appelle une soirée.

CLODION. Pardon, c'était un rendez-vous
pour moi ; car vous aviez daigné me dire que
vous y viendriez... en acceptant la première
contredanse.

Mᵐᵉ DE MELCOURT. J'ai accepté, moi...
tiens !... je ne me le rappelais plus...

CLODION. Eh bien, je vous renouvelle mon
invitation, et pour que vous ne l'oubliez plus,
voici un bouquet que je charge de vous la
rappeler.

Mᵐᵉ DE MELCOURT. O Dieu !... des fleurs
que je ne puis souffrir !

CLODION. Comment ! des camélias, des

roses du Bengale... Mais il est exactement tel
que vous me l'avez demandé.

Mᵐᵉ DE MELCOURT. Je vous ai demandé
un bouquet... moi ! mais vous devenez fou,
mon cher monsieur.

Elle passe dans un autre salon.

SCÈNE XIV.

**CLODION, M. DE FONTENAY, DIVERS IN-
VITÉS, *puis* PAULINE, *puis* FERDI-
NAND.**

M. DE FONTENAY, *lorgnant Clodion.* Eh
bien, que me disiez-vous donc ? que vous
étiez au mieux avec cette dame ?

CLODION. Ne m'en parlez pas, je suis
anéanti.

M. DE FONTENAY. Bah ! ce n'est qu'un caprice... courez après elle, et dans cinq minutes la paix sera faite.

CLODION. Vous avez raison, et si elle ne
veut pas de mon bouquet... eh bien, j'en
trouverai quelque autre qui ne sera pas si
fière... Ah ! nous verrons un peu, nous verrons.

*Il suit Mᵐᵉ de Melcourt. M. de Livry paraît au fond et
salue les personnes qui arrivent.*

M. DE FONTENAY, *apercevant Mᵐᵉ de
Livry.* La voilà !

PAULINE, *entrant par la porte de côté.*
Mille pardons, monsieur.

M. DE FONTENAY. Madame !...

PAULINE, *jetant un cri.* Est-ce un rêve ?...
D'Herbanne !...

M. DE FONTENAY. Non, madame, c'est une
réalité.

PAULINE. Je suis perdue.

FERDINAND, *s'avançant.* Pardon, monsieur ; à qui ai-je l'honneur...

M. DE FONTENAY. Monsieur de Fontenay,
monsieur, qui devait vous être présenté par
votre cousin, et qui, abandonné par lui, est
forcé de se présenter lui-même.

Les deux hommes se saluent.

PAULINE, *à part.* A moi, mon Dieu ! ayez
pitié de moi.

ACTE DEUXIEME.

LE LENDEMAIN MATIN.

Même décoration qu'au premier acte.

SCÈNE PREMIÈRE.

FERDINAND, *seul, se promenant.*

Ce M. de Fontenay que Dufour m'a présenté hier au soir est assurément un homme singulier... A différentes reprises j'ai voulu lier conversation avec lui, mais il est d'une sécheresse d'entretien à dégoûter l'interlocuteur le plus déterminé. Me suis-je trompé?... ses regards cherchaient souvent ceux de Pauline, qui se détournait alors avec embarras, et plusieurs fois même il m'a semblé que pour paraître tranquille elle faisait de pénibles efforts!... S'il l'avait connue autrefois!... qu'y faire?... En épousant Pauline, je lui ai donné une telle preuve de confiance, que jamais, non, jamais, je n'aurai le droit d'être jaloux!...

SCÈNE II.

FERDINAND, CLODION.

CLODION, *entr'ouvrant la porte du fond.* Mon cher, es-tu visible?

FERDINAND. Certainement!...

CLODION. Je suis bien aise de n'avoir rencontré aucun de tes domestiques; ils auraient pu remarquer l'altération de mon visage.

FERDINAND. En effet, tu as un air...

CLODION. J'ai l'air de la circonstance. Sommes-nous seuls?...

FERDINAND. Tout seuls.

CLODION, *allant à une porte latérale.* Attends, que je m'en assure.

FERDINAND. Je te le répète... mais nous sommes seuls, te dis-je!...

CLODION, *revenant.* Mon cher, c'est la première fois que je conduis quelque part un homme dont je ne puis pas répondre... c'est aussi la dernière fois, je te le promets...

FERDINAND. Tu feras bien; mais de qui est-il question?...

CLODION. De M. de Fontenay!...

FERDINAND. De M. de Fontenay?...

CLODION. De lui-même!... Ils se connaissent, mon cher, ils se connaissent!

FERDINAND. Qui?

CLODION. Et se servir de moi pour la re-

joindre... se faire présenter par moi!... Il aura cru que c'était plaisant... la plaisanterie est bien médiocre!...

FERDINAND. Mais de qui parles-tu, voyons?..... qu'est-ce que M. de Fontenay connaît?

CLODION. Hé! madame de Melcourt, pardieu!

FERDINAND, *respirant.* Ah!

CLODION. Comment, ah! c'est toute la part que tu prends à ce que je souffre?

FERDINAND. Il faut que je sache d'abord de quoi tu as à te plaindre.

CLODION. Tu sais bien qu'elle m'avait demandé un bouquet de camélias, de bruyères et de roses de Bengale?

FERDINAND. Oui.

CLODION. Eh bien, elle n'en a pas voulu.

FERDINAND. Bah!

CLODION. Tu sais qu'elle m'avait promis la première contredanse?...

FERDINAND. Il est vrai.

CLODION. Elle l'a dansée avec le petit substitut!

FERDINAND. Je ne vois pas que tu aies dans tout cela quelque chose à reprocher à M. de Fontenay.

CLODION. Attends, attends! Tu comprends qu'une pareille conduite m'avait exaspéré; aussi je ne la perdais pas de vue. Je me tenais fixe et glacial devant elle, comme le spectre de Banquo!... Après la troisième contredanse, M. de Fontenay s'approche d'elle, lui dit quelques mots tout bas, d'un air nonchalant, et croyant me cacher sa manœuvre, il lui remet un billet.

FERDINAND. Un billet!

CLODION. Un billet, mon cher, un billet. En ce moment madame de Melcourt rencontra mon regard... il paraît qu'il avait quelque chose de terrible, car elle partit d'un éclat de rire... olympien. C'était pour cacher son trouble évidemment; voyant que mon effet était produit, je fis semblant de m'éloigner. Bientôt M. de Fontenay et elle se séparèrent. C'était dans le salon bleu que ce drame se passait; je la vis qui gagnait le boudoir. Je fis le tour par le corridor, et j'arrivai sans être vu jusque derrière la portière; l'ingrate causait avec ta femme, elle tenait le billet à la main. J'allais tout savoir... mais la masse de sang qui refluait vers mon cerveau produit sur moi, un effet irrésistible... j'éternue... Madame de Melcourt glisse le billet dans la main de ta femme... Plus de preuves contre elle !... j'étais découvert !...

FERDINAND. Tu as vu madame de Melcourt donner le billet de M. de Fontenay à ma femme ?...

CLODION. Je l'ai vu comme je te vois. Devine un peu ce que m'a dit madame de Melcourt quand je lui ai demandé une explication devenue indispensable.

FERDINAND. Elle s'est reconnue coupable !

CLODION. Du tout !... Elle m'a dit... j'ai quelque honte à le répéter... elle m'a dit que j'avais la berlue ! et le mot m'a paru vif pour une personne de sa condition !...

FERDINAND. Mais peut-être aussi tu t'es trompé... peut-être as-tu cru voir ce qui n'était pas... Quand on est jaloux, on se figure souvent des choses...

CLODION. Ah! tu me ferais sortir de mon sang-froid !... Oui, je l'avouerai, je suis jaloux comme un tigre, mais j'y vois comme un lynx, et j'ai vu, vu de mes deux yeux, la perfide Fanny remettre à ta femme le billet de M. de Fontenay. Et maintenant, mon cher, tu comprends... je suis... raillé ! je suis pris pour dupe ! Oh! je ne suis pas venu à toi pour exhaler des plaintes inutiles... ma vie est à jamais... décolorée... mais je suis homme, je sais souffrir, et je veux me venger. Tu as été officier, tu sais ce que l'honneur exige !... Ne serait-il pas convenable que j'écrivisse, moi aussi, un billet à ce M. de Fontenay qui a tant de succès dans le genre épistolaire ?...

FERDINAND. Tu es fou !

CLODION. Mais je me flatte que tu ne doutes pas de mon malheur... et si je suis insulté, l'honneur de la famille est compromis... Pour rien au monde, je ne laisserai compromettre l'honneur de la famille !...

FERDINAND. Sois tranquille, je suis aussi susceptible que toi sur ce point; laisse-moi le soin de cette affaire, je m'en expliquerai avec madame de Melcourt !...

CLODION. Si de mon côté j'en parlais à ma cousine, en comparant leurs réponses, nous verrions bien...

FERDINAND. Pas un mot de ceci à Pauline; pas un mot, Clodion, entends-tu bien ?...

CLODION. Tu prends bien vitement...

FERDINAND. C'est toi qui es trop vif, et je me laisse aller à imiter ton emportement. Encore une fois, je me charge de tout.

CLODION. C'est bien. N'allez-vous pas ce matin visiter le château et les usines de M. de Moransville ?...

FERDINAND. Oui, c'est une partie que nous avions arrangée pour ma mère, qui n'a pu descendre hier soir !

CLODION. Madame de Melcourt vous accompagne ?

FERDINAND. Elle... elle a refusé. Si tu veux, toi ?...

CLODION. Je te remercie. Ah! elle a refusé d'aller avec vous à Moransville... je saurai ce qui l'a retenue. Tu me permets de te tenir au courant de toutes mes découvertes...

FERDINAND. Je t'en prie.

CLODION. Et je viendrai savoir le succès de tes informations... J'entends du bruit dans le salon voisin... c'est ta femme ou ta mère. Je suis trop troublé pour les voir, présente-leur mes excuses...

FERDINAND. Bien.

CLODION, revenant. Tu crois véritablement que pour le moment il n'est pas temps que je me fâche?...

FERDINAND. Je te l'affirme.

CLODION. Au revoir.

FERDINAND. Au revoir.

SCÈNE III.

FERDINAND, LA MARQUISE.

LA MARQUISE, entrant. Allons, voilà notre partie de campagne toute gâtée... Bonjour, Ferdinand.

FERDINAND. Bonjour, ma mère; que disiez-vous donc en entrant ? le temps est magnifique.

LA MARQUISE. Ce n'est pas le temps qui nous retiendrait... votre femme est souffrante.

FERDINAND. Vraiment ? c'est singulier. Hier, elle ne se plaignait de rien. Et son indisposition est-elle assez forte pour lui faire garder le lit?...

LA MARQUISE. Non, mais la maison.

FERDINAND. Vous permettez que je monte chez elle, et que je m'informe...

LA MARQUISE. Je crois que c'est inutile. Elle descendait en même temps que moi, et tenez, la voici.

SCENE IV.

FERDINAND, LA MARQUISE, PAULINE.

FERDINAND. Eh bien, Pauline, que me dit ma mère? que tu es indisposée?

PAULINE. Pas assez pour t'inquiéter, mon ami; mais je me sens un peu faible, et...

LA MARQUISE. En effet, votre voix est al-

térée; n'avez-vous pas souffert cette nuit?
on dirait que vous avez pleuré.

PAULINE. Ce ne sera rien.

LA MARQUISE. Je ne veux pas sortir de
toute la journée; Ferdinand nous excusera
en nous remplaçant, moi je vous tiendrai
compagnie...

PAULINE. Oh! merci, madame, merci
ma mère. Le temps est si beau! Je crois que
je tomberais réellement malade si vous vous
priviez pour moi du plaisir de cette prome-
nade.

FERDINAND. Et j'ajouterai, ma mère, que
c'est un devoir dont vous ne pouvez vous
dispenser. Cette partie de campagne a été
arrêtée en dédommagement de ce que vous
n'étiez pas descendue pendant la soirée
d'hier. Vous connaissez la susceptibilité des
habitants de la province : on prendrait pour
du dédain, ce qui était hier l'effet de votre
fatigue, et ce qui serait aujourd'hui l'effet de
votre dévouement. D'ailleurs, je suis sûr que
Pauline serait très-fâchée que vous lui fissiez
ce sacrifice. N'est-ce pas, Pauline ?

PAULINE. Tu me dis cela d'une façon bi-
zarre. Crois-tu que mon absence soit incon-
venante, et qu'il faille absolument que je
sorte ?..... Si tu le crois, si tu exiges...

FERDINAND. Si j'exige?... Ah! je n'ai jamais rien exigé, Pauline; et ce ne serait pas
quand vous vous dites souffrante que je com-
mencerais à prendre des airs de tyran.

PAULINE. Je sais que tu es la bonté même;
et jamais un reproche n'a été plus loin de
mon cœur qu'en ce moment.

FERDINAND. Ma mère, nous pouvons par-
tir sans inquiétude, l'indisposition de Pauline
n'a rien d'alarmant.

UN DOMESTIQUE, entrant. Monsieur et
et madame de Moranville, monsieur et madame de Lude, sont en bas avec leur calèche,
et font demander si madame la marquise est
prête.

FERDINAND. Dites que nous descendons.

LA MARQUISE, à Pauline. Vous le voulez
donc ?

PAULINE. Je vous en prie.

LA MARQUISE. Soignez-vous bien, ma toute
belle, et que nous vous trouvions guérie.

PAULINE. Oui, ma mère.

FERDINAND, allant au fond. Ah! Pauline!
Pauline! Mais non, c'est impossible. (De la
porte, à sa mère.) Eh bien! ma mère?...

LA MARQUISE. Me voilà!...

SCÈNE V.

PAULINE, seule.

Il s'en va sans me dire un mot... soup-

çonne-t-il quelque chose?... Hélas! s'il doute
de mon amour, je le plains plus encore que
moi-même... Je tremblais que sa mère ne
s'obstinât à rester. Que serais-je devenue,
mon Dieu !... (Elle s'approche de la fenêtre.)
Les voilà qui montent en voiture.... il m'a
vue... Eh bien, n'est-il pas naturel que je
m'approche de la fenêtre au moment où il
s'éloigne?... Ah! c'est que dans la position
où je suis, tout paraît suspect... tout devient
un sujet d'épouvante! (Elle regarde une
pendule.) Dix heures, il était temps...
(Mme de Melcourt entre.) Ah! Fanny!

SCÈNE VI.

PAULINE, Mme DE MELCOURT.

Mme DE MELCOURT. Je guettais le départ
de ton mari. Me voilà, Pauline; comment te
trouves-tu?

PAULINE. Je ne sais, j'ai la tête perdue. Oh!
tu as bien fait de venir.

Mme DE MELCOURT. Pauvre et chère
Pauline !... quel événement !

PAULINE. N'est-ce pas? n'est-ce pas que
c'est quelque chose d'inouï et de terrible, et
que c'est un miracle encore que j'aie pu sup-
porter sa présence avec autant de fermeté?

Mme DE MELCOURT. Mais des journaux,
des lettres officielles t'avaient annoncé sa
mort...

PAULINE. Si je n'en avais pas eu les preuves
les plus convaincantes en apparence, est-ce
que je me serais jamais mariée?...

Mme DE MELCOURT. Je vois toute l'horreur
de ta position.... Si monsieur de Livry
apprend....

PAULINE. S'il apprend!... ne me désespère
donc pas, Fanny! ne me fais pas perdre le
peu de raison qui me reste, j'en ai besoin.

Mme DE MELCOURT. Que te disait-il dans
ce billet que j'ai été forcée de te remettre
hier au soir?

PAULINE, lisant. « Il faut absolument que
» je vous parle, et pas plus tard que demain
» matin. Tâchez d'éloigner votre mari. Si la
» fenêtre du salon est ouverte, je saurai que
» vous y avez réussi, et de dix à onze heures
» je me présenterai chez vous....

» Vous ne courez aucun danger en me re-
» cevant, puisque j'ai changé de nom, et
» que ma visite peut passer pour l'acquitte-
» ment d'un devoir de politesse. »

Mme DE MELCOURT. Rien de plus?

PAULINE. Rien.

Mme DE MELCOURT. Une visite de politesse
à dix heures du matin! c'est un peu suspect.

PAULINE. Que peut-il me vouloir?... Oh! ne m'a-t-il pas fait assez de mal?

Mme DE MELCOURT. Qu'as-tu résolu?

PAULINE. De ne pas le voir! et voilà pourquoi je t'ai écrit ce matin. Je compte sur ton amitié.

Mme DE MELCOURT. En quoi te puis-je être utile?

PAULINE. En le recevant à ma place.

Mme DE MELCOURT. Et que lui dirai-je?

PAULINE. Écoute; après tout, c'est un honnête homme, je ne veux pas en douter. Dis-lui que je suis heureuse, et que j'ai foi dans sa générosité; mais que si Ferdinand savait qu'il existe, alors le bonheur nous serait impossible, et je n'aurais plus qu'à mourir. Dis-lui, enfin.... Mais, Fanny, tu es femme, tu es bonne, tu me plains et tu m'aimes; dis-lui tout ce qui peut le toucher, tout ce qui te viendra du cœur. Demande-lui grâce en mon nom, s'il le faut; hélas! il s'agit du bonheur de Ferdinand, et peut-être de sa vie! il ne m'est pas permis d'avoir de l'orgueil.

Mme DE MELCOURT. Chère Pauline, calme-toi, je verrai... j'essayerai... Dix heures et quart! il ne peut tarder; le voilà qui passe.

PAULINE. Je me sens mourir.

Mme DE MELCOURT. Es-tu décidée?

PAULINE. L'es-tu toi-même?

Mme DE MELCOURT. J'ouvre cette fenêtre.

PAULINE. Ouvre.

Mme DE MELCOURT. Le voilà qui revient.

PAULINE. Mon Dieu!

Mme DE MELCOURT. Allons, du courage; il faudrait qu'il n'eût pas d'âme pour...

On entend le marteau.

PAULINE. Il frappe à la porte.

Mme DE MELCOURT, avec vivacité. Tiens, Pauline, tu ferais mieux de le recevoir toi-même... il verrait ce que tu souffres, et sûrement il aurait pitié de toi!

PAULINE. Oh! non! non! pas avant que je n'y sois forcée! il n'y a que la force, Fanny, qui puisse m'excuser de le revoir.

UN DOMESTIQUE, entrant. Monsieur de Fontenay fait demander si madame la marquise est visible.

PAULINE. Faites monter.... Tâche de savoir ce qui l'amène, et... s'il était possible qu'il m'aimât encore... eh bien! au nom de cet amour même, conjure-le de s'éloigner.

Mme DE MELCOURT. Il monte.

PAULINE. Adieu et merci!

Elle rentre chez elle.

LE DOMESTIQUE. Monsieur de Fontenay.

Mme DE MELCOURT. Louis, fermez cette fenêtre.

SCÈNE VII.

M. DE FONTENAY, Mme DE MELCOURT.

M. DE FONTENAY. Seule, madame?

Mme DE MELCOURT. Pauline est souffrante, très-souffrante, et m'a priée de la remplacer.

M. DE FONTENAY. En toute autre circonstance, je ferais de la galanterie, et je vous dirais que je suis heureux d'être maltraité par elle; mais aujourd'hui, madame, je suis forcé de faire de la franchise; c'est à elle qu'il faut que je parle...

Mme DE MELCOURT. Monsieur de Fontenay, ou plutôt M. d'Herbonne, car c'est là votre véritable nom, avez-vous bien songé à la situation de ma pauvre amie? savez-vous à quels dangers vous l'exposez en vous présentant chez elle?

M. DE FONTENAY. Madame de Melcourt, ou plutôt madame Fanny Melvil, car c'était là votre nom de guerre, pourriez-vous me dire ce qu'est devenu lord Falmouth, le spectateur assidu du théâtre de Drury-Lane les jours d'opéra?

Mme DE MELCOURT. Il est parti pour l'Inde en qualité de sous-gouverneur, après avoir constitué une rente de mille livres sterling à une personne dont il avait su apprécier le dévouement désintéressé... Mais pour en revenir à Pauline, dites-moi franchement le but de votre visite.

M. DE FONTENAY. Et la personne à laquelle il a laissé cette marque d'intérêt ne parlait-elle pas d'un mari qu'elle avait laissé là, quelque part, sur le continent?... comment n'est-elle pas allée le rejoindre?

Mme DE MELCOURT. C'est ce qu'elle s'est empressée de faire... mais ignorez-vous le malheur qui l'a frappée?

M. DE FONTENAY. Comment?

Mme DE MELCOURT. Ce pauvre colonel...

M. DE FONTENAY. Eh bien?

Mme DE MELCOURT. Il est mort.

M. DE FONTENAY. Tiens! tiens! il avait donc existé?

Mme DE MELCOURT. Monsieur!...

M. DE FONTENAY. Vous vous fâchez? pourquoi? vous m'interrogez, et je vous questionne. Il n'y a rien de plus naturel. L'entretien peut se prolonger sur ce pied-là tant que vous le jugerez agréable.

Mme DE MELCOURT. Vous refusez donc de me répondre?

M. DE FONTENAY, gracieux. Absolument...

Mme DE MELCOURT. Un mot du moins. Oui ou non, voulez-vous perdre Pauline?

M. DE FONTENAY. Non... si elle m'accorde l'entretien que je réclame, et si dans cet entretien j'obtiens d'elle ce que je désire, demain je quitte Toulouse et elle ne me reverra jamais.

Mme DE MELCOURT. Et si elle refuse ?

M. DE FONTENAY. Elle a trop de raison pour refuser , madame , et cette porte vers laquelle vos yeux se tournent avec inquiétude, je suis sûr qu'elle va s'ouvrir...

SCÈNE VIII.

Mme DE MELCOURT, M. DE FONTENAY, PAULINE.

PAULINE. Vous ne vous trompez pas, monsieur, me voici..

M. DE FONTENAY, *saluant.* J'ignorais que je fusse si bon prophète.

PAULINE. Et moi, j'ignorais que vous fussiez si cruel... Va, Fanny, laisse-nous...

SCÈNE IX.

M. DE FONTENAY, PAULINE.

PAULINE. Et maintenant, parlez, monsieur, que me voulez-vous ?

M. DE FONTENAY. Pauline...

PAULINE. Pour tout le monde, monsieur, et plus encore pour vous que pour tout le monde , je me nomme madame de Livry... Oserai-je vous prier de vous en souvenir ?...

M. DE FONTENAY. Madame de Livry... soit, mais croyez qu'il n'a pas tenu à moi que vous ne portassiez un autre nom... Et quand vous avec fui , madame, j'étais à la veille...

PAULINE. Monsieur, si j'avais accepté votre nom, je l'aurais fait respecter , comme je ferai pour celui que je porte. C'est un dépôt d'honneur qui m'a été confié; promesses ni menaces ne peuvent m'empêcher de le conserver intact. Ceci posé , parlez, monsieur, parlez; vous voyez que je vous écoute.

M. DE FONTENAY. Pardonnez-moi de ne pas être aussi prompt à m'expliquer que vous semblez pressée de m'entendre. Faites la part de l'émotion que je dois éprouver et que j'éprouve.

PAULINE. Ah! monsieur! de grâce, arrivez le plus tôt que vous pourrez au but de votre visite...

M. DE FONTENAY. Je ne puis y arriver,

madame , sans faire allusion à des circonstances dont vous me défendez de vous rappeler le souvenir.

PAULINE. Je ne vous ai rien défendu, je vous priais de m'épargner. Si vous n'avez pas cette générosité, faites, monsieur, continuez.

M. DE FONTENAY. Non, madame, et puisque vous l'exigez, je ne dirai plus un mot de moi; mais s'il m'est possible de me sacrifier à vos scrupules, je ne puis leur immoler le dernier intérêt que j'ai conservé dans le monde : vous devinez que je veux parler de mon fils?

PAULINE. De votre fils?

M. DE FONTENAY. Vous ne m'auriez jamais revu, madame, je n'aurais pas voulu troubler votre bonheur , sans ce fils dont je dois assurer l'avenir.

PAULINE. Vous, monsieur? Ah! si l'amour de votre fils est le seul sentiment qui vous ait guidé , pardonnez-moi. Je vous ai mal jugé. Mon fils est heureux, grâce au ciel, et son avenir ne peut vous inspirer aucune inquiétude. Par un acte tenu secret aux yeux du monde, mais dont je garantis l'existence, M. de Ligny l'a reconnu en m'épousant, et l'a fait par conséquent le légitime héritier de sa fortune et de son nom.

M. DE FONTENAY. Son nom... qu'est-ce à dire ? et de quel droit l'avez-vous privé du mien?

PAULINE. Monsieur...

M. DE FONTENAY. Que vous ayez disposé de vous, je le conçois : les journaux anglais avaient accrédité le bruit de ma mort, et, après tout , vous étiez libre !... mais mon fils, en vertu de quel titre avez-vous disposé de lui? c'est à moi qu'il appartient, madame, et je viens le réclamer...

PAULINE. Le réclamer ? comment ! vous venez me demander mon fils ?...

M. DE FONTENAY. Oui, madame.

PAULINE. Mais vous n'avez donc pas compris ce que je viens de vous dire? Paul est le fils de M. de Livry, qui l'a reconnu et lui a donné un nom et un avenir.

M. DE FONTENAY. M. de Livry a fait ce qu'il a voulu, madame; mais les actes passés par lui ne m'engagent en aucune manière , et ses droits fondés sur une fiction légale ne peuvent porter atteinte à ceux que me donne le sang!

PAULINE. Est-ce sérieusement que vous parlez, monsieur?... Oubliez-vous qu'à la naissance de cet enfant vous pouviez le reconnaître, et que vous ne l'avez pas fait?

M. DE FONTENAY. M'en avez-vous laissé le temps? pourquoi m'avez-vous quitté? pourquoi vous êtes-vous si bien cachée dans Londres, que je n'ai pu vous retrouver?

PAULINE. Pourquoi je 'vous ai quitté, vous le savez bien!... C'est que je n'ai jamais été chez vous qu'à titre de victime et presque de prisonnière; c'est que le pain de l'infamie aurait fait mourir mon fils!...

M. DE FONTENAY. Madame, un heureux hasard a réparé les torts que j'ai eus envers vous; laissez-moi réparer ceux que j'ai eus envers lui.

PAULINE. Quoi! monsieur, vous pensez que votre fils pourrait un jour vous savoir gré d'avoir déshonoré sa mère!... car vous ne pouvez ignorer ma position dans la famille de M. de Livry. Nous sommes mariés depuis cinq ans; on croit que Paul est le fruit de cette union... Le confier à vous, monsieur, à vous dont le véritable nom peut être connu, c'est tout dire, c'est tout avouer! Quel intérêt avez-vous à me perdre? Ah! ne me parlez pas de votre fils, c'est pour lui surtout que vous êtes cruel! Vous l'arrachez à une position certaine pour lui faire une existence pauvre, aventureuse, misérable!... Mais c'est affreux cela! justifiez-vous donc, monsieur, justifiez-vous!

M. DE FONTENAY. Je puis le faire avec un mot. En reprenant mon enfant, je lui rends plus que je ne lui ôte.

PAULINE. Expliquez-vous clairement, monsieur; vous voyez que je suis au supplice.

M. DE FONTENAY. Aussi clairement que je pourrai, madame; comme vous, j'ai hâte d'en finir. Vous m'avez souvent entendu parler d'un oncle qui m'a élevé et qui habite Bayonne?...

PAULINE. Oui; après?...

M. DE FONTENAY. Cet oncle est millionnaire, et je devais être son héritier. Mais aujourd'hui, prévenu contre moi, il hésite à me laisser une fortune que je dissiperais, dit-il, comme j'ai dissipé la mienne, et ce n'est qu'en faveur de ce fils dont je lui ai révélé l'existence en refusant de nommer sa mère qu'il consent à faire son testament. Cet arrangement concilie tout. Il satisfait à ses inquiétudes, et s'il faut le dire, à mes intérêts. Mon fils sera le propriétaire des biens de mon oncle, mais jusqu'au jour de sa majorité...

PAULINE. Vous jouirez de ses revenus; je comprends, monsieur; votre amour paternel est encore une spéculation!

M. DE FONTENAY. Madame...

PAULINE. Je ne serai pas plus la complice de celle-ci que je ne l'ai été des autres... Jamais!... jamais!...

M. DE FONTENAY, s'approchant d'elle. Pauline, faites-y attention. Vous intervertissez les rôles. Vous me parlez comme si c'était à moi pour l'avenir fût en votre pouvoir. Com-

prenez mieux votre position; voici ce que je vous demande : une lettre pour le directeur de la pension où est mon fils; muni de cette lettre, j'irai le chercher, et tout sera dit... Vous voyez que je veux éviter le bruit, le scandale. Quant à cette position que vous craignez tant de perdre...

PAULINE. Eh! monsieur! est-il encore question de ma position, de mon bonheur! je n'y songe plus, j'en ai fait le sacrifice. Ce n'est pas madame de Livry qui vous parle, c'est une mère que vous désespérez! Songez que j'ai des droits au moins aussi sacrés que les vôtres. Laissez-moi mon fils, monsieur, laissez-moi mon fils!

M. DE FONTENAY. Je n'ai qu'une chose à vous répondre : pour reprendre cet enfant que mon oncle me demande, j'ai quitté la Navarre, où j'étais en sûreté, et je suis venu en France, où d'un moment à l'autre on peut m'arrêter; je quitterai Toulouse demain matin; vous voyez que je n'ai pas de temps à perdre; si d'ici à trois heures je n'ai pas reçu la lettre que je vous ai prié d'écrire, je me verrai forcé de venir la demander à M. de Livry, et nous verrons si, lui aussi, il osera me la refuser!

PAULINE. Oh! mais ce serait la mort pour l'un des deux!

M. DE FONTENAY. D'ici à trois heures, madame.

Il salue et sort.

SCÈNE X.

PAULINE, *seule.*

Il est parti!... Ai-je rêvé?... Non, la menace qu'il a faite en sortant retentit encore dans mon cœur. Il viendra demander son fils à M. de Livry. Ah! qu'il a bien trouvé le seul moyen de m'épouvanter!... Ciel!... hier encore si heureuse, et aujourd'hui... Que faire, mon Dieu! que faire?... C'est à trois heures qu'il doit revenir... Ainsi, Ferdinand que j'ai vu si troublé à l'idée seule qu'il pourrait être vivant, Ferdinand apprendrait à la fois son existence et la terrible loi qu'il nous apporte... Je devine sa réponse... Un duel... un duel à mort... Je dois à tout prix empêcher une rencontre entre ces deux hommes... Mais mon fils... mon pauvre fils... à quelles mains irais-je le livrer?... Quelle idée!... il ne peut me refuser!... Je n'ose envisager les conséquences de la lettre que je vais écrire; mais dans la position où je suis, cinq ou six jours de délai c'est la vie!... (*Elle se met à table et écrit.*) «Monsieur,

» je puis consentir à me séparer de mon fils,
» mais à une condition... Je sais que votre
» oncle est un honnête homme, et je ne
» crains pas de lui livrer mon secret...
(*La porte s'ouvre; entrent Ferdinand et la
Marquise. Pauline les voit, jette un cri et
cache dans sa poitrine la lettre commencée.*)
Ah !...

SCÈNE XI.

PAULINE, FERDINAND, LA MARQUISE,
puis CLODION.

FERDINAND. Elle écrivait !

PAULINE. Déjà de retour, ma mère?

LA MARQUISE. Nous n'avons fait que toucher barre ; Ferdinand était si pressé de revenir ! votre santé l'inquiétait ; comment vous trouvez-vous?...

PAULINE. Beaucoup mieux.

LA MARQUISE. Savez-vous la nouvelle que j'ai reçue en arrivant?... Madame Dostanges, cette excellente amie dont vous m'avez lu hier une lettre, vient d'arriver à Toulouse.

PAULINE. Ciel!...

LA MARQUISE. Son départ de Paris a été avancé de quelques jours. Elle me fait prier d'aller la voir. Mais, mes enfants, j'ai une grâce à vous demander.

FERDINAND. Laquelle ?

LA MARQUISE. Marie est mon amie d'enfance, elle ne passe que deux jours à Toulouse, pour se reposer; pouvons-nous la laisser dans l'hôtel où elle s'est installée?...

FERDINAND. Il faut la prier de venir chez nous, ma mère.

LA MARQUISE. Et pour que l'invitation ne puisse être refusée, Pauline va m'accompagner.

PAULINE. Ma mère...

LA MARQUISE. Faites-vous cet effort, je vous en prie ; l'hôtel où elle est descendue est à deux pas.

FERDINAND. Va, Pauline; ma mère a raison ; ta présence est indispensable.

PAULINE. C'est que j'avais quelques affaires à terminer.

FERDINAND. La lettre que tu écrivais, peut-être, et que tu as cachée quand nous sommes entrés?

PAULINE. Ferdinand...

FERDINAND, *bas*. Madame, accompagnez ma mère ; à votre retour, je vous demanderai un moment d'entretien.

LA MARQUISE. Eh bien, ma fille?

PAULINE. Eh bien, ma mère, allons...

CLODION, *entrant par le fond*. Vous sortez, mesdames?

LA MARQUISE. Oui, mon cher neveu.

Elles sortent.

SCÈNE XII.

CLODION, FERDINAND.

CLODION. Mon cher, en ton absence il s'en est passé de belles !...

FERDINAND. Vraiment !... eh bien, voyons, parle... Qu'est-il arrivé?

CLODION. Laisse-moi un peu me remettre de mon émotion.... je me trouve dans une situation si singulière..... Ah ! que tu avais bien raison de me dissuader d'épouser madame de Melcourt !..... entre nous, c'est une franche coquette.

FERDINAND. Tu as contre elle de nouveaux griefs?

CLODION. Cette fois, tu ne me traiteras pas de visionnaire ! Mais procédons par ordre. En sortant de chez toi ce matin, au lieu de retourner à la maison, où j'avais pourtant affaire, je suis passé chez madame de Melcourt pour m'informer du motif qui l'empêchait de vous accompagner. Sa femme de chambre me répond qu'elle a la migraine..... la migraine !... tu sais ce que signifient ces subites indispositions?

FERDINAND. Oui, après?

CLODION. Je ne dis rien ; mais l'excuse me paraît suspecte, et je monte chez un de mes amis dont l'appartement est précisément en face de celui de madame de Melcourt. Je me colle à la fenêtre ; je n'y étais pas depuis trois quarts d'heure, il y en avait peut-être moins, mais dans ces momens-là les minutes sont des siècles !.... que je vois ma perfide sortir de chez elle dans un charmant négligé du matin. La migraine n'avait pas été longue, à ce qu'il paraît.

FERDINAND. Tu descends, et tu la suis.

CLODION. Précisément.

FERDINAND. Et quel chemin prend-elle?

CLODION. Celui de ta maison. J'allais y entrer derrière elle pour lui demander une explication, quand j'aperçois M. de Fontenay.

FERDINAND. M. de Fontenay?

CLODION. Qui débusque à l'autre bout de la rue. Je change de projet ; je me précipite chez un autre de mes amis qui demeure là en face, et cette fois j'avais à peine eu le temps de courir à la fenêtre, que je vois notre homme entrer hardiment chez toi !

FERDINAND. Chez moi?

CLODION. Tu es indigné ! n'est-ce pas? pour qui venait-il ?... évidemment pour madame de Melcourt, puisque toi, ta femme et ta mère, vous étiez tous sortis; c'était donc un rendez-vous donné.

FERDINAND. Ah! c'en est trop! quoi! cet homme a eu l'audace!...

CLODION. Ce cher ami! il prend la chose avec une ardeur!

FERDINAND. Voyons, achève ton histoire; tu es resté à ton poste d'observation?

CLODION. Jusqu'à la sortie de madame de Melcourt.

FERDINAND. Elle est sortie avec M. de Fontenay?

CLODION. Du tout! elle est sortie toute seule.

FERDINAND. Mais lui, bourreau, mais lui? il est donc resté? jusqu'à quelle heure?

CLODION. Ma foi, je n'en sais rien, madame de Melcourt m'intéressait plus que lui, et je me suis élancé à sa poursuite. Au bruit de mes pas, elle se retourne, je lui fais un geste..... Ah! quel geste! je ne saurais te dire tout ce qu'il exprimait de mépris!.... je croyais la confondre... je ne la connaissais guère!... Sans se troubler, sans pâlir, sans rougir, elle me dit : « Bonjour, bonjour; je suis fort pressée. » Et elle continue tranquillement son chemin!... Ne trouves-tu pas que c'est d'un aplomb miraculeux?...

FERDINAND. Où demeure M. de Fontenay?

CLODION. A l'hôtel de France.

FERDINAND. J'irai chez lui...

CLODION. Comme mon témoin?...

FERDINAND. Sans doute. Mais il n'y a peut-être dans tout ceci ni faute ni crime. Si l'honneur est atteint, sois tranquille, les choses se passeront comme elles doivent se passer. En attendant, bouche close. Pas un mot de ta jalousie à madame de Melcourt, ni à personne, tu me le jures?

CLODION. Tu me préviendras donc quand il faudra que je me fâche?

FERDINAND. Oui...

CLODION. Je te donne ma parole.

FERDINAND. Silence! voilà Pauline!...

SCÈNE XIII.

FERDINAND, CLODION, PAULINE.

PAULINE. Madame Doslanges n'accepte pas l'hospitalité que nous lui offrions... et ta mère, qui est restée près d'elle... Mais vous êtes en affaire... je me retire...

CLODION. Non, ma cousine. C'est moi qui vous laisse, et Ferdinand lui-même ne doit pas tarder à sortir. Quand vous verrez madame de Melcourt, faites-moi l'amitié de lui

dire que nous sommes brouillés à mort... (*A Ferdinand.*) J'attends avec impatience le résultat de ta démarche, et je vais par précaution visiter mes épées et mes pistolets.

Il sort.

SCÈNE XIV.

PAULINE, FERDINAND.

PAULINE. Est-il vrai que tu aies à sortir?

FERDINAND. Quoi! madame, tenez-vous encore à rester seule?

PAULINE. Moi! que veux-tu dire?

FERDINAND. Je dis qu'il est temps de me donner l'explication que j'avais à vous demander.

PAULINE. Une explication! sur quoi?

FERDINAND. Sur le billet qu'on vous a remis hier au bal, sur la visite que vous avez reçue en mon absence, sur la lettre enfin que vous étiez en train d'écrire lorsque nous sommes rentrés.

PAULINE, *à elle-même.* Il sait tout.

FERDINAND. Ne songez pas à nier, madame, je suis sûr des faits, et j'attends qu'on les justifie?

PAULINE. Je ne nierai rien, et je reconnais que vous êtes bien instruit; mais vous épiez donc mes démarches, Ferdinand? vous n'avez plus confiance en moi?

FERDINAND. Ah! le moment est mal choisi pour me faire ce reproche! C'est votre justification que j'attends, madame; voyons, ne vous troublez pas. Préparez tous vos moyens de défense. Je vous aime tant! je puis être assez insensé pour vous croire... Vous avouez que madame de Melcourt vous a remis hier un billet de M. de Fontenay?

PAULINE. Je l'avoue.

FERDINAND. Ce billet contenait la demande d'un rendez-vous pour ce matin?

PAULINE. Cela est vrai...

FERDINAND. Et M. de Fontenay est venu... et l'entretien que vous aviez ensemble ayant été rompu par quelque accident que j'ignore, vous lui écriviez ce qu'il vous restait à lui dire... Montrez-moi cette lettre, madame, montrez-la-moi...

PAULINE. Cette lettre n'existe plus. J'ai prévu que vous me la demanderiez, je l'ai déchirée.

FERDINAND. Vous l'avez déchirée!

PAULINE. Croyez-moi, c'est un service que je vous ai rendu.

FERDINAND. Mais qu'y avait-il donc sur cette lettre?

PAULINE. Rien dont je rougisse, et cependant rien que vous puissiez savoir. Je n'ai pas autre chose à dire...

FERDINAND. Allons, M. de Fontenay sera peut-être moins discret que vous...

PAULINE. Où allez-vous?

FERDINAND. Je vais demander à cet homme à quelle époque il vous a connue et à quel titre il a osé vous écrire. Je vous estime assez pour croire que vous ne l'avez pas vu hier pour la première fois.

PAULINE. Ferdinand, si vous avez un reste d'amour ou de pitié pour moi, vous n'irez pas chez M. de Fontenay... Écoutez-moi, je le veux.... Quoi! vous m'avez prise plus bas que je n'aurais dû descendre, pour m'élever plus haut que jamais je n'aurais dû monter; vous avez donné un nom et un avenir à mon fils, vous m'avez élevée aux yeux du monde et aux miens, et vous pouvez croire que je vous trompe!... mais si j'en étais capable, il n'y aurait pas d'expressions pour qualifier mon infamie!

FERDINAND. Ah! pour que je vous soupçonne, il faut que les préventions les plus fortes se réunissent contre vous! Quelque éperdu que soit mon amour, je ne peux fermer les yeux à l'évidence.... comment voulez-vous que j'explique ce billet, ce rendez-vous, cette lettre, lorsque vous ne pouvez pas me les expliquer vous-même? Je ne demande pas mieux que de vous croire innocente!... une preuve, une preuve seulement!... si ce n'est pour vous, que ce soit pour moi!...

PAULINE. Hélas! je suis forcée de me taire; ma justification amènerait plus de malheurs que mon silence. Mais écoutez! vous rappelez-vous le jour où, refusant pour la dixième fois peut-être votre main que vous m'offriez, je vous disais pour excuse: Ferdinand, je me donnerais à vous si au moment de notre union Dieu pouvait nous ravir la mémoire!

mais j'ai le passé contre moi, c'est-à-dire quelque chose d'inexorable et de terrible qui brave la puissance de Dieu même.... une sorte de fantôme qui nous accompagnerait jusqu'au tombeau. Vous seriez jaloux un jour, et alors le souvenir de ma faute ferait des soupçons de vos doutes, et des certitudes de vos soupçons!... Ferdinand, ne m'épousez jamais!... Vous vous jetâtes à mes pieds! et... vous souvenez-vous de ce que vous me répondîtes?...

FERDINAND. Oui, je m'en souviens...

PAULINE. « Pauline, me dites-vous, ma bien-aimée, écoute.... tout homme ne doit promettre que ce qu'il peut tenir! Oui, tu as raison... il est possible que je sois jaloux; mais si jamais je suis assez malheureux pour te soupçonner, assez fou pour te croire coupable, » — c'est toujours vous qui parlez — « quand toutes les apparences seraient contre toi, ne te justifie pas, tends-moi seulement la main en me disant : Je te jure devant Dieu que je t'aime toujours, et que je suis pure! Alors je tomberai à tes genoux, et je te dirai : Pardonne-moi ! »

Ferdinand, c'est sur cette parole que je t'ai épousé. Le moment que j'avais craint et que tu avais prévu, ce moment solennel est arrivé... jamais notre amour ne subira de plus cruelle épreuve. Eh bien, regarde-moi en face, les yeux dans mes yeux. Tu sais qu'on ne peut faire mentir le regard. Ferdinand, voilà ma main. Je te jure devant Dieu que je t'aime toujours et que je suis pure!

FERDINAND, *tombant à ses genoux.* Pauline! Pauline! ah! tu es un ange! pardonne-moi!

PAULINE. Ferdinand! (*Elle lève les mains au ciel.*) O mon Dieu! je puis être heureuse encore!...

ACTE TROISIEME.

Une chambre dans l'hôtel où est descendu M. de Fontenay.

SCÈNE PREMIÈRE.

PAULINE, *assise accoudée sur une table, la tête couverte d'un voile noir;* M. DE FONTENAY, *entrant par le fond.*

M. DE FONTENAY, *parlant dans l'antichambre à un domestique.* Une femme chez moi, dites-vous... et qui m'attend depuis dix minutes?... En effet. (*Il s'avance.*) Laissez-nous.

PAULINE, *se levant.* Enfin!

M. DE FONTENAY. Madame, puis-je savoir...

PAULINE, *ôtant son voile.* C'est moi, monsieur!

M. DE FONTENAY. Vous ici, madame? vous, chez moi? quand j'espérais à peine qu'une lettre...

PAULINE. Je n'ai pas voulu vous écrire; ce que j'ai à vous dire est trop important... Veillez à ce que personne ne puisse nous surprendre... vous savez à quoi je m'expose en venant ainsi chez vous...

M. DE FONTENAY *va à la porte du fond et la ferme au verrou.* Vous êtes obéie.

PAULINE, *désignant une porte latérale.* Cette autre porte?...

M. DE FONTENAY. Ouvre sur une chambre aussi occupée par moi.

PAULINE. Dans cette chambre aucune issue?

M. DE FONTENAY. Une seule qui donne sur le jardin, mais notre hôte l'a condamnée.

PAULINE. O mon Dieu!

M. DE FONTENAY. Remettez-vous.

PAULINE. Vous voyez si cette démarche me trouble... mais elle était nécessaire.

M. DE FONTENAY. J'y vois une preuve de confiance dont je suis fier; mais, je vous le répète, une lettre eût suffi.

PAULINE. Non, non; car dans une lettre je n'aurais pu vous dire tout ce que j'ai souffert, tout ce que votre présence inattendue a jeté de trouble dans mon ménage et de désespoir dans mon cœur.

M. DE FONTENAY. Comment cela, madame? votre mari a-t-il donc su...

PAULINE. Excepté votre nom, il sait tout, et c'est un prodige que j'aie pu me justifier à ses yeux sans être obligée de lui dire la vérité.

M. DE FONTENAY. Il faudra cependant bien tôt ou tard que vous preniez ce parti.

PAULINE. Jamais! jamais! et c'est pour cela que je suis venue vous parler!

M. DE FONTENAY. J'écoute, madame, et je me prêterai volontiers à tous les ménagements que vous voulez prendre... mais vous n'oublierez pas cette nécessité où je suis... il faut que demain je reparte avec mon fils!

PAULINE. Ah! que vous abusez cruellement de ma position! je ne puis avouer à mon mari que vous existez, que je vous ai revu, sans amener entre vous deux une rencontre terrible... vous savez cela, et loin de compatir à ce que je souffre... mais que dis-je? cette rencontre vous la désirez peut-être?

M. DE FONTENAY. Non, non, madame, je désire n'être jamais connu de M. de Livry.

PAULINE, *Acceptez donc la proposition que je viens vous faire. C'est le seul moyen de tout concilier.*

M. DE FONTENAY. Voyons!

PAULINE. Vous me redemandez votre fils pour le conduire à votre oncle?

M. DE FONTENAY. En effet.

PAULINE. Votre oncle compte l'élever et en faire son héritier?

M. DE FONTENAY. L'élever, peut-être. Quant à l'héritage, il me l'a solennellement promis.

PAULINE. Eh bien, monsieur, de Bayonne ici le trajet est court. Dites mon secret à votre oncle, dont la réputation m'offre toutes sortes de garanties, et suppliez-le de venir ici; il porte un autre nom que vous, je préparerai M. de Livry à sa visite et à la réclamation qu'il viendra nous faire. A cette condition, monsieur, à condition surtout que votre oncle ne dira pas que vous vivez, je puis... cela est affreux à dire... je puis consentir à me séparer de mon fils!... Vous n'exigerez rien de plus s'il vous reste quelque humanité.

M. DE FONTENAY. Le plan que vous me proposez est malheureusement inexécutable.

PAULINE. Pourquoi?

M. DE FONTENAY. Parce que mon oncle, atteint d'une maladie qui laisse peu d'espérance, n'est pas en état de venir à Toulouse.

PAULINE. Qu'il écrive alors; une lettre suffira... oui, j'aime mieux une lettre, et ce sera M. de Livry lui-même qui lui conduira son neveu; je m'y engage sur l'honneur.

M. DE FONTENAY. Mais pendant ces retards mon oncle peut mourir, et alors tout est perdu.

PAULINE. Pour vous, n'est-ce pas?

M. DE FONTENAY. Pour mon fils aussi. Allez, madame, il n'y a qu'un parti à prendre, celui que je vous ai proposé : voici une plume, du papier; deux lignes de votre écriture au maître de pension à qui vous avez confié mon fils, et je pars, et de ma vie je ne remettrai le pied à Toulouse.

PAULINE, *écoutant.* Silence!

M. DE FONTENAY. Qu'y a-t-il?

PAULINE. Quelqu'un à cette porte.

On frappe.

M. DE FONTENAY. Qui est là?

FERDINAND, *en dehors.* Le comte Ferdinand de Livry.

PAULINE. Mon mari! il sait que je suis ici, je suis perdue.

M. DE FONTENAY. Espérons mieux!

PAULINE. Où me cacher?

M. DE FONTENAY. Là.

PAULINE, *entrant dans la chambre voisine.* mon Dieu! mon Dieu!

M. DE FONTENAY, *seul.* Monsieur de Livry chez moi! Est-ce qu'en effet.... soit. Avant de quitter l'Espagne, j'ai envisagé toutes les conséquences de mon voyage et j'avais prévu celle-ci.

SCÈNE II.

M. DE FONTENAY, FERDINAND.

M. DE FONTENAY. Entrez, monsieur le comte.

FERDINAND. Excusez-moi, monsieur, de me présenter chez vous à cette heure, et d'avoir insisté pour être admis... je viens vous donner un avis qui n'est peut-être pas sans importance.

M. DE FONTENAY. Veuillez vous asseoir.

FERDINAND. Inutile! j'aurai fini en deux mots : j'ai appris tout à l'heure chez un des magistrats de la Cour royale à qui j'avais été faire une visite, et qui ne savait pas qu'hier vous m'aviez fait l'honneur de passer la soirée chez moi, que l'hôtel où vous logez est suspecté de servir de rendez-vous aux personnes qui partagent l'opinion que vous défendiez en Espagne. Le choix que vous en avez fait pour y établir votre demeure a prêté de la force à cette supposition; ou je me trompe fort, ou ce soir même on fera chez vous une visite domiciliaire.

M. DE FONTENAY. Vous avez des raisons pour croire...

FERDINAND. J'ai des raisons pour en être sûr... l'avis ne m'ayant pas été donné sous le sceau du secret, je n'avais aucun motif pour me taire, et j'en avais beaucoup pour vous prévenir. J'ai hésité si je viendrais moi-

même ou si je vous écrirais; venir était le plus sûr. Une lettre pouvait tomber en des mains étrangères, et je vous aurais compromis au lieu de vous servir. D'ailleurs j'avais une visite à vous rendre, des torts à réparer peut-être. Et comme ce matin on vous a vu venir chez moi, on ne s'étonnera pas que ce soir je sois venu chez vous.

M. DE FONTENAY. Ainsi, monsieur, je suis menacé d'une visite domiciliaire?

FERDINAND. Oui, monsieur; si vous avez quelques papiers qui puissent vous compromettre, faites-les disparaître, vous voilà averti.

M. DE FONTENAY. Je n'ai aucune crainte.

FERDINAND. Je ne vous demande pas vos secrets; j'ai cru que je vous devais cet avis; je vous l'ai donné et je me retire.

M. DE FONTENAY. Veuillez agréer mes remerciments.

FERDINAND, *se retirant.* Monsieur...

SCÈNE III.

LES MÊMES, CLODION.

CLODION, *ouvrant la porte et ramenant Ferdinand.* Ah! pardieu! je suis bien aise de te trouver ici; je ne doute pas du motif qui t'a conduit chez monsieur... et tu es le témoin naturel de la petite conversation que je vais avoir avec lui.

FERDINAND. Clodion, monsieur de Fontenay m'a donné des explications très-satisfaisantes, et je vais...

CLODION. Du tout! puisque ces explications sont si bonnes, je serai enchanté de les recevoir.

M. DE FONTENAY. De quelles explications parlez-vous, mon cher monsieur?

CLODION. D'abord, monsieur, je ne suis pas votre cher monsieur; je vous ai présenté à mon cousin sur la foi d'un ami à qui je retire ma confiance; mais je vous ai vu hier pour la première fois...

M. DE FONTENAY. Soit, monsieur; où voulez-vous en venir?

CLODION. À vous dire que si vous m'avez pris pour un sot, vous vous êtes trompé.

M. DE FONTENAY. Allons donc, monsieur, je ne vous connais que d'un jour; comment me serais-je permis sur votre compte un jugement qui suppose une longue intimité?

CLODION. Qu'est-ce que c'est? qu'est-ce que c'est?

FERDINAND, *à M. de Fontenay.* Monsieur..

M. DE FONTENAY. Excusez-moi, monsieur, mais votre cousin le prend sur un ton...

CLODION. Je le prends sur le ton qui me convient.

M. DE FONTENAY. Enfin, que me reprochez-vous?

CLODION. D'avoir agi avec moi d'une façon cauteleuse et déloyale.

M. DE FONTENAY. Comment?

CLODION. Il y avait mille moyens, monsieur, de vous rapprocher de madame de Melcourt?

M. DE FONTENAY. De madame de Melcourt?

CLODION. Je vous avais fait l'aveu de mon amour pour elle, et il est inouï qu'après cet aveu, vous m'ayez choisi pour médiateur de votre réconciliation! C'est un procédé d'opéra comique, et je viens vous en demander raison.

M. DE FONTENAY. Vous me croyez amoureux de madame de Melcourt, moi?

CLODION. Oh! ne faites donc pas de modestie!

FERDINAND. Clodion... tu m'avais promis...

CLODION. D'oublier ce qui s'était passé hier soir et ce matin... mais je ne m'étais pas engagé pour l'avenir.

FERDINAND. Y a-t-il donc quelque chose de nouveau?

CLODION. Presque rien... une bagatelle... un second rendez-vous... mais cette fois, ce n'est plus chez toi, c'est chez lui!

FERDINAND. Comment! chez lui?

M. DE FONTENAY. Monsieur le comte, dites, je vous prie, à votre cousin qu'il est fou.

CLODION. Très-bien! très-bien! mais si je suis fou, je ne suis pas aveugle. Or j'ai vu, il y a une heure, madame de Melcourt sortir de chez elle et se diriger vers la maison de ta femme, où elle a attendu que la nuit tombât. Quand elle a cru qu'elle pouvait sortir sans courir le risque d'être reconnue, elle a fait ouvrir la petite porte du jardin, et enveloppée d'un châle épais, la tête couverte d'un voile, elle a pris le chemin de cet hôtel, où elle est entrée sans se douter que je l'avais suivie...

FERDINAND. Dans cet hôtel! ici! Elle est entrée ici?

CLODION. Oui, mon cher... Qui venait-elle voir?... Je n'en sais rien, mais cet incident ne m'a pas permis d'attendre le résultat des explications que tu devais demander en mon nom... je suis allé chercher des armes, et me voilà! (*Il ouvre son manteau et montre deux épées de duel et une paire de pistolets.*) Choisissez!

M. DE FONTENAY, *à part.* Il n'y a que ce moyen de sauver Pauline. (*Haut.*) Monsieur, je commence par vous déclarer qu'il n'y a pas un mot de vrai dans tout ce que vous venez de dire, et que je ne sais à quel titre vous vous faites le champion de l'honneur de madame de Melcourt... Mais vous avez parlé avec un ton et un air de provocation

qui m'ont singulièrement déplu. Cela suffit; vous n'aurez pas fait une course inutile.

CLODION. Il n'y a pas un mot de vrai dans tout ce que j'ai dit... Eh! monsieur, répondez donc à cette preuve!

Il lui montre le voile que Pauline a oublié sur une chaise.

M. DE FONTENAY. Son voile!

FERDINAND, *qui a arraché le voile des mains de Clodion.* Le voile de Pauline!

M. DE FONTENAY. Monsieur, c'est trop fort! Il y a dans les jardins de l'hôtel une allée fort tranquille.

CLODION. Allons-y, monsieur; sortons.

FERDINAND. Clodion, tu oublies que c'est au témoin à se charger des épées!

Il les lui prend des mains et les met sous son bras. Tous trois se précipitent vers la porte du fond.

SCÈNE IV.

LES MÊMES, UN COMMISSAIRE DE POLICE SUIVI DE SES AGENTS.

LE COMMISSAIRE. Pardon, messieurs, mais cet appartement n'est-il pas celui de M. de Fontenay?

M. DE FONTENAY. C'est mon nom, monsieur; que me voulez-vous?

LE COMMISSAIRE. J'accomplis à regret la mission dont on m'a chargé; mais j'ai reçu l'ordre de procéder à une visite domiciliaire dans cet hôtel, et je dois commencer par votre appartement.

M. DE FONTENAY, *à part.* Ciel!

CLODION, *bas à Ferdinand.* Une visite domiciliaire!... Vois donc comme il se trouble! Est-ce qu'elle serait encore ici?

M. DE FONTENAY, *regardant involontairement la porte de la chambre où est Pauline.* Elle est perdue!

CLODION, *qui a surpris ce mouvement et le fait remarquer à Ferdinand.* Elle est là.

M. DE FONTENAY. Monsieur, cet ordre...

FERDINAND, *s'avançant vers le Commissaire.* Pardon, monsieur; mais vous me connaissez, je présume?

LE COMMISSAIRE, *saluant.* M. le comte de Livry!

FERDINAND. De quoi monsieur est-il accusé?

LE COMMISSAIRE. Monsieur n'est pas accusé, il n'est que suspect. D'ailleurs la mesure dont il est l'objet concerne plusieurs autres locataires de cet hôtel, qu'on sait être le rendez-vous d'un parti.

FERDINAND. Je devine que les plus fortes présomptions qu'il y ait contre monsieur viennent de ce qu'il est étranger et ne connaît personne à Toulouse.

LE COMMISSAIRE. On le disait du moins.

FERDINAND. Eh bien, je réponds de M. de Fontenay biens pour biens, corps pour corps; cette caution suffit-elle?

LE COMMISSAIRE. Assurément, monsieur, et dès à présent je prends sur moi de suspendre la visite. Mais votre caution ne peut être définitivement acceptée que par monsieur le procureur général. J'ai d'autres perquisitions à faire dans cet hôtel; j'y attendrai avec mes agents qu'il veuille bien m'envoyer un contre-ordre que vous ne pouvez manquer d'obtenir.

FERDINAND. Je vais le chercher de ce pas; je vous remercie, monsieur.

Le Commissaire se retire avec ses Agents.

CLODION, *à Ferdinand.* Excellent ami!

M. DE FONTENAY. Monsieur, ma reconnaissance.....

FERDINAND. Nous reparlerons de cela : je cours chez le procureur général; quant à votre affaire avec mon cousin...

M. DE FONTENAY, *à Clodion.* Monsieur, je suis à vos ordres.

CLODION. Monsieur, je suis aux vôtres.

FERDINAND. Il ne peut en être question dans ce moment; j'aurai l'honneur de revenir pour m'entendre avec vous.

CLODION, *à part.* Je me défie de quelque chose, je vais me mettre en faction à la petite porte du jardin.

Clodion et Ferdinand sortent.

SCÈNE V.

DE FONTENAY, PAULINE.

DE FONTENAY. Il ne se doute de rien.

PAULINE. Vous vous trompez, il sait tout.

DE FONTENAY. Non, non; n'avez-vous donc pas entendu? Monsieur votre cousin vous a prise pour madame de Melcourt. C'est madame de Melcourt qu'il croit avoir vue entrer dans cet hôtel. Enfin c'est à cause d'elle que je vais me battre avec lui.

PAULINE. Vous battre, vous, monsieur! et pourquoi?

DE FONTENAY. Je n'ai pas l'habitude de refuser ces sortes de parties.

PAULINE. Mais ce duel peut attirer l'attention publique sur les causes frivoles qui l'auront amené... la vérité peut se découvrir, et alors... Mais à quoi bon vous parler de moi?... vous avez un fils qui vous est cher; n'exposez pas follement votre vie... profitez de la nuit... profitez de ce que monsieur de Livry a répondu pour vous... Vous voyez les dangers que vous courez à Tou-

louse... Partez... partez... moi je vous dis adieu pour jamais!...

DE FONTENAY. Vous sortez?

PAULINE. Ne me retenez pas, monsieur... laissez-moi sortir. (*Elle ouvre la porte du fond, la Marquise paraît.*) Madame de Livry! êtes-vous content, monsieur! me voilà perdue!

SCÈNE VI.

LES MÊMES, LA MARQUISE.

LA MARQUISE. Vous êtes étonnée de me voir ici, je ne le suis pas moins de vous y trouver, madame; mais croyez que ce n'est point de mon propre mouvement que j'y viens... Je me suis émue à la lecture de ce billet qui m'annonçait que vous étiez ici et que vous y couriez un danger.

PAULINE. Un billet!

LA MARQUISE. Oui, un billet anonyme, mais dont l'écriture vous est connue peut-être.

PAULINE. Celle de madame de Melcourt.

LA MARQUISE. Vous le voyez : on y fait un appel à ma générosité. On parle de visite domiciliaire, du danger que vous courez d'être surpris par votre mari... Plus encore pour lui que pour vous, je suis venue, madame. Il doit y avoir, m'a dit l'hôtesse, qui heureusement est depuis longtemps l'obligée de ma famille, il doit y avoir dans cette chambre une porte donnant sur un escalier dérobé et qui s'ouvre avec cette clef; la voici, madame; sortez par cette porte; de cette façon votre mari ne saura jamais rien, ou s'il sait quelque chose, eh bien, vous serez venue avec moi.

PAULINE. Ah! malheureuse que je suis!

DE FONTENAY. Madame, il n'y a, croyez-le bien, dans la démarche de votre belle-fille...

LA MARQUISE. Monsieur, je n'ai pas eu l'honneur de vous adresser la parole. Allez, madame, allez! car si vous avez quelques explications à me donner, vous devez comprendre que ce ne peut être ici.

PAULINE. Si fait, madame; ce n'est au contraire qu'ici, ce n'est que devant monsieur que je puis me justifier. Ah! quelque horrible que soit la vérité... il faut que je la dise ou que je meure, et je ne suis pas plus capable de vous tromper que je ne suis capable de tromper votre fils!...

LA MARQUISE. Que dites-vous?

PAULINE. Je dis qu'il tient dans ses mains l'honneur de Ferdinand, qui est aussi le mien, et la vie de Ferdinand, qui est la mienne, et que c'est pour sauver l'un et l'autre que je suis venue chez lui.

LA MARQUISE. Comment?

DE FONTENAY. Pauline, qu'allez-vous dire?

PAULINE. Laissez-moi parler, monsieur... il est trop tard maintenant; d'ailleurs c'est vous qui l'avez voulu... il faut que tout se sache... Madame, ce n'est point avec la duchesse de Sommerset que je suis partie pour l'Angleterre... c'est avec lui... Par quelle suite de trahison j'avais été perdue... ce serait trop long à vous dire... Jeune, sans défiance du monde, que je ne connaissais point... riche pour toute ressource d'une éducation au-dessus de ma fortune, je ne me réveillai qu'après ma chute, je ne rouvris les yeux que lorsqu'il n'était plus temps... Dieu m'est témoin que je n'eusse point survécu à ma honte; mais je n'avais plus le droit de mourir, madame, ma vie ne m'appartenait plus. Quand votre fils me rencontra chez la duchesse de Sommerset, il y avait deux ans déjà que j'étais séparée de cet homme, et que j'avais préféré le travail et la misère à la honte de vivre avec lui...

LA MARQUISE. Mais après avoir été si long-temps séparés, quelle cause vous a réunis?

PAULINE. Il vient réclamer son enfant, madame, l'enfant que monsieur de Livry avait nommé son fils, et que vous alliez nommer le vôtre... Je suis venue chez lui, madame, pour le supplier en notre nom à tous de ne pas nous déshonorer.

LA MARQUISE. Ma belle-fille dit-elle vrai, monsieur? est-ce réellement pour réclamer votre fils que vous êtes venu à Toulouse? Cependant, monsieur de Livry l'ayant reconnu, vous ne pouvez être inquiet de son avenir.

DE FONTENAY. Aussi n'est-ce pas moi qui le demande, madame; c'est un oncle de qui dépend toute sa fortune, et dont j'exécute à regret la volonté; d'ailleurs mon fils sera toujours un étranger dans votre famille. Soyez notre juge: est-il possible de me le refuser?

LA MARQUISE. Et cependant si on vous le refusait?...

DE FONTENAY. Alors, madame, je serais forcé de faire valoir mes droits.

PAULINE. Vos droits! et quels sont-ils? voilà cinq ans que vous l'avez abandonné!

DE FONTENAY. Mes droits sont dans ces lettres, madame.

LA MARQUISE. Ces lettres?

DE FONTENAY. Oui, ces lettres écrites par votre belle-fille, signées par votre belle-fille... voyez plutôt: à chaque page il y est question de mon enfant.

LA MARQUISE, voyant la signature. Pau-

line Butler! quoi! vous êtes Pauline Butler?

PAULINE. Oui, madame.

LA MARQUISE. Mais si vous êtes Pauline Butler, lui... lui, c'est donc d'Herbanne?

PAULINE. En effet!

LA MARQUISE. D'Herbanne!... ô justice du ciel! c'est toi qui l'as conduit ici!... Rassurez-vous, madame... cet homme croyait nous faire des conditions, et c'est moi qui vais lui dicter les miennes!

M. DE FONTENAY. Vous, madame!

LA MARQUISE, *s'approchant de lui et parlant à demi voix.* Non pas en mon nom; mais en celui de madame Dostanges, mon amie et votre victime; de madame Dostanges, qui est arrivée aujourd'hui même à Toulouse, et qui part demain pour Bayonne, où elle entretiendra votre oncle d'une affaire que vous connaissez.

M. DE FONTENAY. Madame...

LA MARQUISE. Ah! vous nous menacez des tribunaux; nous acceptons le défi; mais faites-y bien attention, si vous avez des lettres de ma fille, madame Dostanges en a de vous, et il y a telles manœuvres que certaines gens appellent encore des spéculations, mais qui devant tous les juges de France prennent un nom que je ne veux pas dire... je vois que vous me comprenez.

PAULINE, *s'avançant.* Madame! au nom du ciel, que signifie....

LA MARQUISE. Suivez-moi, monsieur; ce n'est pas devant ma belle-fille que cet entretien doit se continuer.... et vous, madame, ma fille, rassurez-vous, vous êtes une digne mère, et je suis sûre de vous sauver.

Elle sort entraînant d'Herbanne.

SCÈNE VII.

PAULINE, *seule.*

Sûre de me sauver! que dit-elle? d'où vient cette assurance, et pourquoi a-t-elle prononcé le nom de madame Dostanges avec cet accent de menace?... J'y songe... dans cette lettre que j'ai lue hier, madame Dostange se plaignait de d'Herbanne.... elle parlait de papiers, de lettres qu'elle emportait avec elle, et qui prouvaient de quel abus de confiance elle aurait été victime!... si ces accusations auxquelles je refusais d'ajouter foi étaient enfin justifiées... s'il était vrai que ce malheureux... O mon Dieu! mon Dieu! où en suis-je tombée pour qu'il ne me reste plus que ce terrible espoir!...

SCÈNE VIII.

FERDINAND, PAULINE.

FERDINAND, *qui a entendu les derniers mots.* De quel espoir parlez-vous, madame? S'il s'agit de me tromper encore, ma présence doit vous désabuser.

PAULINE. Ferdinand!

FERDINAND. Vous ici, dans la chambre de cet homme! Tenez! si vous n'aviez pas prononcé mon nom, j'aurais peut-être refusé de croire le témoignage de mes yeux. Mais comment me méprendre au son de votre voix, de cette voix qui me jurait, il y a deux heures, avec un tel accent de vérité que vous m'aimiez toujours et que vous étiez pure!..... Vous avez dû bien rire de ma crédulité.

PAULINE. Ferdinand, je ne suis pas libre de vous parler, et vous n'êtes pas en état de m'entendre; la colère vous égare. Vous me diriez quelque parole dont vous vous repentiriez toute la vie, et que je ne pourrais peut-être pas oublier! Donnez-moi le bras!..... sortons d'ici.

FERDINAND, *la retenant.* Vous resterez! Ah! votre complice est peut-être là qui nous écoute! Eh bien, avant d'aller lui dire qu'il est un lâche, je suis bien aise qu'il sache ce que je pense de vous!

PAULINE. Assez! assez! taisez-vous! tais-toi, malheureux!

FERDINAND. Ah! vous tremblez pour sa vie?

PAULINE. Hélas! je suis venue ici pour protéger la sienne; ne m'en demande pas davantage, et emmène-moi. Veux-tu que je te dise? Je m'en rapporte au jugement de ta mère, et je me condamne moi-même si elle me croit coupable.

FERDINAND. Vous tenez donc bien à ce que je laisse à cet homme le temps de fuir?...

PAULINE. Oh!

FERDINAND. Quand vous a-t-il connue? avant notre mariage ou depuis? répondez du moins à cette question.

PAULINE. Mon Dieu! donnez-moi la patience!

FERDINAND. Eh! que m'importe? dans l'un et l'autre cas vous m'avez trompé..... je devais m'y attendre! Voilà la digne récompense de tous les sacrifices que j'ai faits pour vous, à commencer par celui de mon bonheur. J'ai tout oublié en vous épousant. Je ne me plains pas de mon sort; je n'ai que ce que je mérite. Mais vous! tenez, madame, vous avez tantôt prononcé votre arrêt, je répète vos paroles; il n'y a pas d'expression pour qualifier votre infamie.

PAULINE. Ah! c'en est trop! Il est temps que je me justifie. Ferdinand, pour te prouver que je suis innocente, je n'ai qu'un mot à dire; mais je te préviens que c'est un mot terrible qui met ta vie en danger, qui te rend le bonheur impossible... un mot qui est la mort d'un homme.... Exiges-tu que je le prononce?

FERDINAND. Je l'exige.

PAULINE. Eh bien! les rapports qui annonçaient la mort de d'Herbanne nous avaient trompés tous les deux... il vit, c'est chez lui que nous sommes, et j'étais venue le supplier de ne pas m'arracher mon fils!

FERDINAND. D'Herbanne! lui! cet homme! Ah! Pauline, tu ne me trompes pas?

PAULINE. C'était lui!

FERDINAND. Pauline! ah! qu'ai-je dit! qu'ai-je fait! et comment me pardonneras-tu?...

PAULINE. Est-ce là ce qui t'importe?

Air de Turenne.

Oui, je te pardonne, et je t'aime;
Cher Ferdinand, oublie pour le passé.
FERDINAND.
C'est l'excès de mon amour même
Qui de moi fit un insensé;
Mais de mon cœur tout soupçon est chassé.
Merci, Pauline, ta clémence
Satisfait déjà mon amour.
Maintenant, d'Herbanne, à ton tour,
Tu dois la vie à ma vengeance.

Il s'élance vers la porte de l'appartement de d'Herbanne.
La Marquise paraît.

SCÈNE IX.

FERDINAND, LA MARQUISE, PAULINE.

LA MARQUISE. Mon fils!

FERDINAND. Ma mère! vous ici!...

PAULINE. Quand je te disais que je la prenais pour juge!

LA MARQUISE, *passant près de Pauline.* Ferdinand, c'est toujours ma fille.

FERDINAND. Ah! je vous confie et au besoin je vous lègue l'une à l'autre; adieu!

LA MARQUISE. Mon fils, nous sommes sauvés! Voici les lettres de votre femme, et quant à M. de Fontenay, je suis sûre de son silence: c'est à ce prix seulement que je me suis portée garant de celui de madame Dostanges.

FERDINAND. Et que me fait son silence? que me font ses lettres? c'est sa vie qu'il me faut! où est-il?

LA MARQUISE. Il est parti!

FERDINAND ET PAULINE. Parti!

LA MARQUISE. Pour toujours!... il quitte Toulouse et la France.

FERDINAND. Et vous avez pu croire que je ne le rejoindrais pas! Mais tant que cet homme sera vivant, je ne puis être heureux et Pauline n'est pas vengée! Laissez-moi.... laissez-moi...

Il va pour sortir, on entend deux coups de pistolet tirés en même temps. Musique en sourdine jusqu'à la fin de l'acte.

Ah!

PAULINE. Le malheureux!.... il s'est tué, madame!

FERDINAND. Non, j'ai entendu deux coups de feu... C'est un duel! — qui donc a osé prendre ma place!...

SCÈNE X.

LES MÊMES, CLODION.

CLODION, *dans la coulisse.* À moi!.... à moi!...

Il entre en scène.

FERDINAND. Toi ici! Tu l'attendais donc! malheureux, qu'as-tu fait!

CLODION, *tout éperdu.* Un coup de maladroit!.... mais il m'avait exaspéré par une dernière insulte.... et d'ailleurs.... parole d'honneur! je ne le visais pas!

FERDINAND. Tu l'as atteint?...

CLODION, *tombant sur une chaise.* Je l'ai tué.

PAULINE, *dans le fond.* Tué! ah!...

FERDINAND, *allant à elle.* Pauline, c'est au nom de ton fils qu'on avait fait couler tes larmes, c'est en son nom que je les sèche... il ne nous quittera plus.

Pauline se jette dans ses bras.

FIN.

Paris. — Imprimerie de V° Dondey-Dupré, rue Saint-Louis, 46.

Sans Nom, 1 [illegible] 1 a.
Un Parent [illegible], c. 2 a.
Le Père de l'Enfant, c. [illegible] 2 a.
Le [illegible] et le [illegible], [illegible] 1 a.
L'Agrafe, [illegible] 3 a.
Le Mari à la ville et la Femme à la campagne, c. [illegible] 2 a.
Une Fille de l'Air, [illegible] 3 a.
Le Château de mon [illegible], c. 1 a.
La Fille [illegible] Militaire, c. [illegible] 2 a.
Le Tour de Faction, [illegible] 1 a.
La double [illegible], [illegible] 1 a.
[illegible] le Fileur, 2 a.
Un Jour de Grandeur, dr. 3 a.
Le [illegible], vaud. 5 a.
Le [illegible] Garçon, op. [illegible] 1 a.
[illegible]-Roi, [illegible]
L'[illegible] Bleu, dr. 3 a.
Partie [illegible] vous de [illegible] cheveux.
Rita l'Espagnole, dr. 1 a.
Piquillo, op.-com. 3 a.
Le Café des [illegible], v. 1 a.
Thomas [illegible], dr. 5 a.
Pauvre Mère, dr. 3 a.
Spectacle à la Cour, c.-v. 2 a.
[illegible], com.-vaud. 2 a.
Le Domino Noir, op.-c. 3 a.
[illegible]-Léon, dr. 3 a.
Maria Padilla, en 3 a.
Roméo et Juliette, trag. 5 a.
La Folie [illegible]
Caligula, 5 a. par A. Dumas.
Marquise de Senneterre, c. 3 a.
L'Ile de la Folie, c. 1 a.
La Dame de la Halle, v. 3 a.
Les [illegible], par 3 a.
A Toute Âge, v. 3 a.
L'Élève de St-Cyr, dr. 3 a.
Marcel, dr. 4 a.
La Maîtresse de Langues, 1 a.
Le Cabaret de Lustucru, 1 a.
L'Interdiction, dr. 3 a.
La Pauvre Fille, mél. 5 a.
Isabelle, com. 3 a.
Le Mariage d'Orgueil, c.-v. 1 a.
La Petite Maison, c.-v. 1 a.
La Demoiselle Majeure, v. 1 a.
M. et Mme Pinch[illegible], c.-v. 1 a.
Mlle Dang[illegible], [illegible] v. 1 a.
Arthur, c.-v. 3 a.
Les 5 ans d'une Faute, d. 1 a.
Les Enfants du Délire, v. 1 a.
Mathé, d. 5 a.
Le Mariage en Caprichos, 2 a.
À Bas les Hommes! v. 1 a.
La Bourse de Péricaud, v. 1 a.
Lord Sorney, dr. 3 a.
Duchesse ! c.-v. 2 a.
Simon Terre-Neuve, c.-v. 1 a.
Gaspard Hauser, dr. 1 a.
Les deux Pl[illegible], c.-v. 1 a.
Mathias l'Invalide, c.-v. 3 a.
Impressions de Voyages, v. 2 a.
Geneviève de Brabant, mél. 1 a.
Rafaël, dr.-com. 3 a.
Vaste de [illegible], com. 1 a.
La Femme au salon, c.-v. 2 a.
Jeanne, c.-v. 1 a.
Les droits de la Femme, c. 1 a.
Moustache, c.-v. 3 a.
La Pièce de 21 Sous, c.-v. 1 a.
M. de Cortilis, c.-v. 1 a.
Fille et l'Airelure aux Ménage.
L'Orpheline de Paris, c.-v. 1 a.
Philippe III, trag. en 5 a.
La Croix de Feu, mél. 3 a.
Fleck le Pêcheur, v. 3 a.
Léonce, c.-v. 3 a.
Les Trois Dimanches, c.-v. 3 a.
L'Envers du Grand Monde, 3 a.
Les Chèvres de St-Bernard, 5 a.
Le Figurant, op.-c. 3 a.
Le Commune de Chamilly, 1 a.
La Reine des Blanchisseuses.
Le Sonneur de St-Paul, d. 5 a.
Mademoiselle, c.-v. 2 a.
La Dame d'Honneur, c.-v. 1 a.
Maria Padilla, tragédie 5 a.
Paul Jones d. 3 a. A. Dumas.

Le Brasseur de Preston, c.-v. 3 a.
Françoise de Rimini, tr. 3 a.
Lady [illegible], c.-v. 3 a.
Tac-pardie, c.-v. 1 a.
Le Discours de Beatrix, v. 1 a.
Pierre d'Arezza, d. 3 a.
Les Cosaken, v. 3 a.
Les Parens de la Fille, c. 1 a.
La Levée de 300,000 hommes.
[illegible], revue 2 a.
Le Marquis en Gage, c.-v. 1 a.
Le Puff, rev. en 3 tabl.
Claude Sterq, dr. 5 a.
Jeanne Hachette, dr. 5 a.
Lutzin, v. 3 a.
Reine de France, v. 1 a.
Diane de Chivry, par Soulié.
Les trois Bals, v. 3 a.
Le Manoir de Montlouvier.
Dites-vous béni[illegible], v. 1 a.
Maurice, c.-v. 3 a.
Rothschild, dr. 3 a.
Pascal et Chambord, c.-v. 2 a.
Maria, c.-v. 3 a.
La Bergère d'Ivry, dr. 3 a.
Mlle de Belle-Isle, par Dumas.
Marie Rémond, dr.-v. 3 a.
Simplette, v. 1 a.
Le Napolitain, c.-v. 3 a.
Le Piastron, v. 3 a.
L'Alchimiste, d. 5 a.
Geofroy de la Médine, 3 a.
Babichard, c.-v. 3 a.
La Maîtresse et la Fiancée, 3 a.
Les Marchal, c.-v. en 3 a.
Deux jeunes hommes, d. 1 a.
Marguerite d'Yorck, mél. 1 a.
Simbert, mél. 1 a.
Gabrielle, c.-v. en 2 a.
Le jeunesse de Goethe, v. 1 a.
[illegible] tabl. v. en 1 a.
Il faut que jeunesse se passe.
Ça Va-donc-Mieux, 1 a.
Le Fils de la Folle, d. 1 a.
Le Marché de Saint-Pierre.
Les Belles femmes de Paris.
Amandin, c.-v. en 1 a.
Il était temps ! v. 1 a.
L'artiste né, v. 1 a.
L'Ange dans le monde, c. 3 a.
L'Art de ne pas monter sa garde.
Christine, 5 a. par F. Soulié.
Les Chevaux du Carousel, 3 a.
Laurini de Médicis, tr. 3 a.
Les 3 Braz-Frères, v. 1 a.
La Jacquerie, en 1 a.
Revue et Lorraine, c.-v. 1 a.
Le Loup de Mer, d. 3 a.
L'Ombre d'un Amant, v. 1 a.
Christophe le Soldoi, d. 1 a.
La Proscrit, d. 5 a.
Les Travailleurs, op.-c. 1 a.
Le Mariage des Innocents 3 a.
Thomas l'Egyptien, v. 1 a.
Clémence, c.-v. 3 a.
La belle Bourbonnaise, v. 3 a.
Le Château de Saint-Germain.
Les Bamboches de l'Année, c.
Commissaire extraordinaire.
Deux Couronnes, c. 1 a.
Les Enfans de troupe, c.-v. 2 a.
L'Ouvrier, d. 4 a.
Trenk, de terre de la Martini.
La Famille de Fumiste, c. 2 a.
Les Italiens, l. 1 a.
La Linze, c.-v. 2 a.
Le Médian, d. 1 a.
Jean le Fiacre, v. 1 a.
Les Prussiens en Lorraine.
Roland Furieux, c.-v. 1 a.
Un Secret, d.-v. 3 a.
L'Abbye de Castro, d. 4 a.
La nouvelle Geneviève, v. 2 a.
La Famille de Lonigny, d. 3 a.
Ventio, d. 5 a.
L'Ouragan, d.-v. 3 a.
L'Hôtel Kalerm, v. 1 a.
Aubray le Médecin, d. 3 a.
[illegible]

Les Dîners à 22 sous, v. 1 a.
Alcée et Cadette, c.-v. 2 a.
Le Fils du Corse, v. 1 a.
Rieuse-rieur, c.-v. 3 a. et 1 a.
L'Éclat de Rire, d. 3 a.
Cosaquica, v. 1 a.
Souvenirs de la Marq. de S***.
La Jolie Fille de Gadsourg.
La Fin Mot, c.-v. 1 a.
Le Château de Verneuil, d. 3 a.
Monsieur Dambe, c.-v. 1 a.
La Maréchale d'Ancre, d. 5 a.
Les Pages et les Poissardes.
Jacques P[illegible] Fils, c.-v. 3 a.
Le Mari [illegible] Folle, c.-v. 3 a.
La Chou[illegible] la Colombe.
[illegible] v. c.-v. 2 a.
L'Arg[illegible] Claire et les
Freins, v. 1 a. et 3 a.
Marguerite, dr. 3 a.
Paula, dr. 1 a.
Va-t-au Clocher, v. 1 a.
Elsih, d. 1 a.
Un Roman intime, c. 1 a.
Lazare le Pâtre, dr. 3 a.
L'Ecole des Journalistes, c. 1 a.
Cirily, com.-vaud. 3 a.
Novigate, dr. 1 a.
L'Hospitalité, vaud. 1 a.
Le Père Marcel, c.-v. 3 a.
Le Gentleman, op.-c. 3 a.
La Fleur des Pois, dr. 3 a.
La Faraudo, op. 1 a.
Le Sergée du [illegible], dr.-v. 3 a.
Le Perruquier, dr. 3 a.
Zacharie, dr. 1 a.
[illegible] Tyran de Café, c.-v. 1 a.
[illegible] c.-v. 1 a.
Le [illegible], dr.-v. 3 a.
[illegible] Femme, dr. 5 a.
L'École des Jeunes Filles, d. 3 a.
La Protectrice, c. 1 a.
Manche à Manche, c.-v. 1 a.
Un Mariage sous Louis XV.
Fabio le Roseur, dr. 1 a.
Une Vengéance, com.-v. 3 a.
La Sœur de Jocrisse, v. 1 a.
Van Bruck, com.-v. 3 a.
Le Marchand d'habits, dr. 3 a.
Mon ami Pierrot, c.-v. 1 a.
La Loncombat, dr. 3 a.
Zara, dr. 1 a.
Langchi, com.-v. 1 a.
Marat, pièce en 3 a., 11 tab.
Trois œufs dans un panier, 1 a.
Mathieu Lac, dr. 5 a. en vers.
Calixte, com.-vaud. en 1 a.
L'Aveugle et son Bâton, 1 a.
Paul et Virginie, dr. 3 a.
Les Enfants Blancs, dr. 5 a.
La Toldia, mél. 5 a.
Bras de Racés, tragédie.
La Dérivatif, vaudeville.
Un Bas bleu, vaudeville.
Les Filets de Saint-Cloud.
Lorenzino, par A. Dumas.
La Plaine de Grenelle, d. 5 a.
La Dot de Suzette, d. 5 a.
Amour et Amourette, v. 3 a.
Paris le Bohémien, d. 3 a.
Les Brigands de la Loire, d.
Margot, v. 1 a.
Paris la nuit, d. 6 a. 8 l.
Emery le négociant, d. 3 a.
La Salpêtrière, dr. 5 a.
Du Haut en Bas, c.-v. 3 a.
La Dot d'Auvergne, v. 1 a.
Claudine, dr. 3 a.
L'homme aux kroulettes 30 4p.
Aline, c.-v. 3 a.
L'Hôtel des 3 nations, c.-v.
Les Pêches du Diable, 3a. 20 l.
Les 2 Brigadiers, vaud. 2 a.
Le Roi d'Yvetot, op.-com. 3 a.
L'auberge de la Madone, d. 3 a.
Les Chasseurs ambulants, 1a.
Sébastien et Mari, d. en 3 a.
Les ressources de Jonathas, 1 a.

GALERIE DES ARTISTES DRAMATIQUES,

Contenant 80 portraits en pied des principaux Artistes de Paris, dessinés d'après nature par ALEXANDRE LACAUCHIE,
accompagnés d'autant de notices biographiques et littéraires.

PRIX DES DEUX VOLUMES BROCHÉS : 40 FR. — *Ouvrage entièrement terminé.*

TOME PREMIER.

Acteurs.	Auteurs.
1re, Mlle Rachel	J. Janin.
2e, M. Perrot	E. Briffault.
3e, M. Deburau	E. Briffault.
4e, M. Mélingue	J. Bouchardy.
5e, Mlle Fanny Elssler	E. Briffault.
6e, Mlle Plessy	H. Rolle.
7e, M. Duprez	E. Briffault.
8e, Mme Mélingue (Théodorine)	J. Bouchardy.
9e, M. Achard	E. Guinot.
10e, Mlle Doze	E. Briffault.
11e, M. Odry	J. T. Merle.
12e, Mlle Fargueil	H. Lucas.
13e, M. Francisque aîné	J. Bouchardy.
14e, M. Lepeintre jeune	H. Rolle.
15e, Mlle Taglioni	J. T. Merle.
16e, Mlle Dupont	E. Arago.
17e, M. Boutin	L. Couailhac.
18e, M. Levasseur	G. Bénédit.
19e, Mlle Flore	Du Mersan.
20e, Mlle Georges	H. Lucas.
21e, M. Joanny	H. Lucas.
22e, M. Albert	L. Couailhac.
23e, Mlle Jenny Vertpré	H. Lucas.
24e, M. Monrose	J. T. Merle.
25e, M. Bocage	M. Mallefille.
26e, Mlle Pauline Leroux	E. Arago.
27e, M. Firmin	H. Lucas.
28e, M. Rubicl	J. Chaudes-Aigues.
29e, M. Saint-Ernest	J. Bouchardy.
30e, Mlle Mars	E. Briffault.
31e, Mlle Persiani	J. Chaudes-Aigues.
32e, M. Menjaud	H. Lucas.
33e, Mlle Prévost	L. Couailhac.
34e, Mlle Eugénie Sauvage	J. T. Merle.
35e, Mme Damoreau	C. Bénédit.
36e, M. Lafont	J. T. Merle.
37e, M. Bardou	H. Lucas.
38e, Beauvallet	A. Arnould.
39e, M. Alcide-Tousez	J. T. Merle.
40e, Mme Volnys	H. Rolle.

TOME SECOND.

Acteurs.	Auteurs.
41e, M. Ferville	J. T. Merle.
42e, M. Volnys	H. Rolle.
43e, Mme Guillemin	M. Aycard.
44e, Mme Gauthier	A. Arnould.
45e, M. Lablache	Couailhac.
46e, M. Arnal	Eugène Briffault.
47e, Mlle Giulia Grisi	Couailhac.
48e, M. Tamburini	Chaudes-Aigues.
49e, Mlle Clarisse	E. Lemoine.
50e, M. Klein	Marie Aycard.
51e, M. Chilly	A. Arnould.
52e, Mme Stolz	H. Lucas.
53e, M. Moëssard	A. Arnould.
54e, Mme Anna Thillon	H. Rolle.
55e, M. Brunet	Du Mersan.
56e, Mme Albert	H. Lucas.
57e, M. Provost	E. Arago.
58e, Mlle Brohan	J. T. Merle.
59e, M. Chollet	Couailhac.
60e, M. Roger	Couailhac.
61e, Mlle Anaïs	J. T. Merle.
62e, M. Vernet	H. Rolle.
63e, Mlle Carlotta Grisi	Th. Gauthier.
64e, Mme Desmousseaux	Couailhac.
65e, M. Mario	P. A. Fiorentino.
66e, Mme Dorval	H. Rolle.
67e, Mme Dorus Gras	E. Arago.
68e, M. Regnier	Aug. Arnould.
69e, Mlle Mante	E. Arago.
70e, Mlle Julienne	H. Rolle.
71e, M. Lepeintre aîné	E. Arago.
72e, Mlle Déjazet	E. Guinot.
73e, M. Numa	H. Rolle.
74e, M. Samson	A. Arnould.
75e, M. Sainville	L. Couailhac.
76e, M. Ligier	H. Rolle.
77e, Mme Jenny Colon Leplus	E. Arago.
78e, M. Raucourt	Bouchardy.
79e, M. Bouffé	E. Briffault.
80e, M. Frédéric Lemaître	Adolphe Dumas.

OEUVRES DRAMATIQUES DE SCHILLER,

TRADUCTION DE M. DE BARANTE, Pair de France, Membre de l'Académie française.
PRÉCÉDÉES D'UNE NOTICE BIOGRAPHIQUE ET LITTÉRAIRE SUR SCHILLER.

Un superbe volume in-4° à deux colonnes, illustré de 24 vignettes sur acier. Prix : 12 francs.

GALERIE DES FEMMES

DE WALTER SCOTT,

Charmant Keepsake pour 1843,

Contenant 40 portraits sur acier, gravés à Londres avec texte français.

Prix : broché 10 francs, reliure dorée sur tranches 12 francs.